《性格与修身》源自我从商经历，结合自身性格与修身感悟，耗五年之辛苦总结，而后费半载之心血凝练，方成此书。

郭荣勋 著

# 性格与修身

河南大学出版社
·郑州·

图书在版编目(CIP)数据

性格与修身/郭荣勋著.--郑州:河南大学出版社,2018.11(2022.5重印)

ISBN 978-7-5649-3570-2

Ⅰ.①性… Ⅱ.①郭… Ⅲ.①性格-通俗读物 Ⅳ.①B848.6-49

中国版本图书馆 CIP 数据核字(2018)第 252732 号

| 责任编辑 | 张　珊 |
|---|---|
| 责任校对 | 余建国 |
| 封面设计 | 翟淼淼 |
| 出版发行 | 河南大学出版社 |
| | 地址:郑州市郑东新区商务外环中华大厦 2401 号　邮编:450046 |
| | 电话:0371-86059701(营销部)　网址:hupress.henu.edu.cn |
| 排　　版 | 河南大学出版社设计排版部 |
| 印　　刷 | 河南瑞之光印刷股份有限公司 |
| 版　　次 | 2018 年 12 月第 1 版　印　次　2022 年 5 月第 3 次印刷 |
| 开　　本 | 787mm×1092mm　1/16　印　张　14.5 |
| 字　　数 | 216 千字　定　价　68.00 元 |

版权所有·侵权必究

本书如有印装质量问题,请与河南大学出版社营销部联系调换

作者近照

郭荣勋，汇金集团董事长，焦作市第十二、十三届人大代表，武陟县政协第八届委员会委员、第九届委员会常务委员，焦作市第十一届工商联副主席，武陟县第十二届工商联（总商会）主席（会长），先后荣获焦作市"五一劳动奖章"、开封市首届"杰出乡贤"等荣誉，多次被评为武陟县"优秀企业家""劳动模范""慈善爱心楷模"等。

1965年2月（农历）出生于开封市祥符区罗王乡老九庄村。1982～1991年，在农村自主创业，十年光阴，积累了些许从商经验，也磨炼出了吃苦耐劳的意志。1985年2～7月，在中国矿业大学计算机专业学习。1992年，一个偶然的机遇，受邀前往郑州经营磷铁贸易，自此创立汇金公司并逐步发展壮大。1995年，在郑州创办河南汇金磷铁冶炼厂，该厂曾服务于铁路部门机车车辆配件厂等十几家企业。2000年，自主研发电解铝行业专用磷生铁。2009年，公司引进人才，扩大内外销售，开启二次创业模式，转型生产油漆涂料行业用磷铁粉。2010年4月～2011年5月，在清华大学经济管理学院高级工商管理精选课程班进修。2011～2012年，在焦作市武陟县产业聚集区投资建厂，厂区占地200余亩。2012年10月，再次转型生产金刚石工具行业所需原料——预合金粉末，并取得成功。2013年6月，受邀首次为员工分享中国传统文化"亲和力与胸怀"，后又在不同场合分享30余场次。不断分享传统文化是研究传统文化、打造企业文化以及著书的重要转折点。2015年，再度转型进入水泥行业装备制造领域，成立河南汇金智能装备有限公司，发展规模再上新台阶。2016年9月～2018年6月，在北京大学光华管理学院EMBA专业学习。2018年10月，随北京大学光华管理学院EMBA班参加日本早稻田大学游学之旅，受到日本前首相鸠山由纪夫的亲切接见。2018年12月，《性格与修身》一书出版，被国家图书馆以及清华大学、北京大学、浙江大学等几十所"双一流"高校图书馆馆藏。2019～2021年，在清华大学经济管理学院"大美国学与智慧人生"二期班进修学习。

# 致 读 者

六年前因为很特殊的原因我结识了荣勋，初次见面便隐隐觉得他那忠厚朴实的外表下藏着些什么，那时虽说不出个所以然，但我很享受与他的交往。随着近年接触多了，慢慢地，我悟到了，他是一位有思想的人。

读荣勋心血之作《性格与修身》书稿时正值连串的外出、出访，不断地变换着起点和落脚点，虽旅途颠沛无常，但《性格与修身》仍深深地吸引着我慢慢地、饶有兴味地读完，并生出许多的感想。

荣勋生于、长于、事业成就于中州大地，在他的心里乃至骨子里浸透了丰厚的中国传统文化的营养，加之他对人生百事超仔细地观察、揣摩、归纳、分析、总结、提炼，把我们身边许许多多的见怪不怪、习以为常的浅显小事情，加以搜集，结合亲身经历，将许多小道理提升到大道理，甚至是为人处世的大谋略和大智慧的高度。在详细分类、调研和数据分析的基础上，他归类出了《性格与修身》做人修身的"三大纪律（高压线）""八项注意"，并在此基础上，总结出了"32、25、14、11、9、5、2、2"的"修身密码"。而对"三大八项"的每一个要素，他都辅以大量的典籍、近事、自身的经历以及汇金集团公司员工们的实例加以诠释，让我对其"三大八项"及"修身密码"的科学性及普遍意义十分信服。

中国实施了几十年的少子政策，令今天的许多人的童年、少年、青年期均生活在自我中心的场景中，逐渐地让许多人弱化了与人沟通的能力和动力。加上近年来手机之不可替代的存在，微信、短信、脸书等社交手段的不断推出，让更多的人沉浸于近在咫尺却不愿往来，反而要借助机器沟通的现状。不善于甚至怯于与人沟通，已成了一部分人的常态，人与人之间面对面的沟通能力反而日渐薄弱了。久而久之，人与人之间本应相通的内心就失血了，人与人之间本应有的温度也慢慢地冷却了，从而让真情甚至人性都慢慢淡漠了。但残酷而又不可回避的现状是职场和人生中的诸多现实问题，却又是必须由人与人去面对面处理和解决的，这又是我们躲无可躲的。若我们不懂得如何与人打交道，又疏于做人修身的训练，我们日常的生活、工作就会因此衍生出许多的烦恼，连最基本的人与人之间的关系我们都无法相处，就会让我们不断地碰壁及事与愿违，乃至事倍功半，甚至一事无成。

作者通过《性格与修身》告诉我们，即使在今天这样一个已高度商业化的社会里，掬上我们的一片真情，是可以捧回一颗热心的。从这个意义上讲，《性格与修身》可以称得上是不可多得的、极其实用的、看似浅显而又非常深刻的为人修身的教科书，适用于任何人，也适用于我们去应对任何人与人的关系。

荣勋身为一位成功的民营企业家，在其二十余年创业、成长的历程中，凭着抑制傲气、固执和冲动，凭借着发扬光大承担、胸怀、沟通、勤快、和气、谦虚、称呼、赞美，让他成了一位人人喜欢、人人愿帮忙、人人肯支持、人人予信任、人人给赞赏的人，也使他成为一位众人齐帮的好汉，更成就了他今天有成的事业。在现如今的社会中，许多人都梦想事业有成，作者通过《性格与修身》告诉我们，欲成事者必先做人，欲做人者必先修身。作者本人在书中把自己的真实事例告诉给大家，修身之难难在一直坚持去做，读后我们会明白，面对那么多的难事，他是怎么"忍"到事成的，是怎么发自内心地"善待别人"后得到诸多意想不到结果的。作者的实践结果充分印证了我们中国人的一句俗语"好人必有好报"，也解答了我一直以来的一个疑惑，那就是他何以能从做金属材料转行进入装备制造行业并转型成功的。细细读来确受启发，慢慢品味必有得益。

大凡人生体验、精华荟萃的书，都是写给某一类群体的人看的，而

《性格与修身》的读者则既适于老板也适于员工，既适于管理人员也适于工作人员，既适于职场人员也适于社区邻里，既适于家中长辈父母也适于晚辈儿女等各类群体的读者。因为本书在教我们如何做事时，更主要的是教我们如何修身做人。学会了做人，我们的"事业"也就成功了一半。若我们学会了做一个像荣勋那样注重人格修养、立品立德的人，我们的事业就必能全成。我想做企业如是，做其他诸事皆如是。

广东生益科技股份有限公司董事长

2018年8月15日

# 序　言

　　《性格与修身》定稿之时，恰逢我参加北京大学光华管理学院EMBA毕业典礼之际，这让我倍感荣幸，但令我更加荣幸的是能够亲耳聆听刘俏院长的毕业致辞："……取得今天这样的成就。祝贺你们！……大学教育的本质从来就不是帮助大家获得世俗意义上的成功。大学教育的核心在于培养视野、格局、批判性思维……万物生长，各自高贵……关于未来的答案其实隐藏在现在！"

　　听君一席话胜读十年书，刘俏院长的讲话让我感触颇深。"万物生长，各自高贵"，波诡云谲的大时代迎面而来，能够使我强大的"法宝"正是对《性格与修身》的总结与撰写，总结、总结再总结就是我的"枪杆子"。

　　《性格与修身》源于我对性格的长期运用与总结。在其影响下，我的人生经历变得更加绚烂、精彩。实践中，《性格与修身》使我受用无穷，并得到了亲朋挚友、合作伙伴的强烈认同。自身的受益及大家的鼓励，激励着我勇敢地将其分享了出来，同时催生了写书的动力。

　　我看书不多，写书难度较大。但近几年的企业发展带给了我强大的勇气，也让我有决心、有毅力能够完成此书……与此同时，我一直在思索这样一个问题——《性格与修身》如此接地气的内容更适合于哪种类型的读者？读后是否有益，是否存在价值？经过我反复思索之后，我觉得中小企业的老板、员工，以及经常受性格习惯所累、麻烦不断、想要改变自己却不知"从何做起"的人群最为适合。

　　如果想要真正理解"性格决定命运"这句话，不妨花些时间来认真品一品《性格与修身》。

　　总之，《性格与修身》没有华丽的辞藻，也没有深奥的理论，它来源于生活，如"宝珠"般掌握在每个人手中。我只是甄选了一根耐磨的

"绳索",并将每个人手中的"宝珠"贯穿起来。

这就是我写《性格与修身》的初衷,愿给朋友们带来些许思考。

《性格与修身》原创于2013年6月,源于对实践的总结。一次,开企业例会时两名高管提议:"有空让郭总给我们讲讲他的亲和力吧,让我们也学学。"另一位又接着说:"再让郭总讲讲他的胸怀、境界吧。"短暂的考虑之后,我应允了下来,但心里却犯起了嘀咕。经营公司虽已有20余年的时间,但我能讲好吗?讲什么?怎么讲呢?……一连串的问题在脑海中闪过。我是个爱总结的人。自那天晚上开始,我反复思考、琢磨起这些年的人生经历,对自己和身边人的性格、习惯等有了些感悟与总结。

我27岁来郑州创业,后从做销售起步……一步步走到今天,"那些年""那些事""那些人"如同一幕幕电影桥段在脑海中"放映"着:要如何与人相处?该如何把事妥善地办成?该如何让人满意?为什么有些人招人讨厌?为什么有些人有文凭有能力,但人到中年事业却越干越小,甚至一事无成?又为什么有些人文凭不高、能力平平,却把事业做得如火如荼……

想过这些,我又想过自己这20多年来如何对待员工和客户,如何在特别困难的情况下起步,如何在一没资源优势、二没市场优势、三没人脉关系的情境下把企业一步步做起来。也就在那天晚上,我与爱人姜允进行了一夜的抵足长谈。并在她的支持下,鼓起了撰写此书的勇气,最终也促成了《性格与修身》的诞生。

《性格与修身》的初次演讲收获了意想不到的反响,企业员工给予了高度的认可。大家纷纷表示它很实用,也非常接地气。尤其是我对人生性格"三大高压线"和修身"八项注意"的总结(后又称为做人修身的"三大纪律八项注意"),大家一致认为这是经营企业和修身做人的"法宝"。在之后的几年里,我开始有意识地用《性格与修身》中的理念积极地同客户探讨、交流,收到了令人惊奇的效果。为了能得到更多的交流指导,我先后在山东莱州、湖北鄂州、江苏丹阳、福建南安、广东佛山、河北石家庄等金刚石工具聚集地,分享《性格与修身》30余场,

《性格与修身》以其实用性与创新性引起了不小的轰动。

值得一提的是,有效运用书中方法的员工,不仅有效解决了工作中存在的问题,而且使家庭关系也变得更加和睦了:夫妻之间更多的是用沟通代替了盲目性的争吵与误会,沟通多了,误会少了;教育孩子时,变得更加温和与理智了;婆媳关系也变得更加融洽了……

我将《性格与修身》导入企业的管理与运营之中,促使公司步入了以文化软实力带动企业发展的快车轨道。我们集团公司有6家子公司,几百名员工平均年龄31.6岁,负责整个集团管理的CEO兼总裁的年龄不过32岁。在《性格与修身》的熏陶下,不仅员工的向心力增强,上马的各个项目也在高速运转的轨道上不断向前发展,缔造了5个单类产品在国内细分行业市场销量第一的优异成绩。

几年来,我们公司形成了独特的企业亲和文化,以《性格与修身》为发展模型制定的企业核心文化,得到了高效应用并见诸成效。例如,将《性格与修身》用于沟通,沟通的难度系数降低,显著提升了工作效率;按照《性格与修身》的要求去选人、用人、提拔人,大大提升了用人的精准度。显然,《性格与修身》在我们集团所发挥的作用与日俱增,它不仅是公司耀眼夺目的象征,更是员工修身文化千金不换的"金字招牌"。

作为20世纪60年代出生的一代人,我赶上了党和政府的好政策,才有了今天的一切。所以我有责任和义务把过去几十年来个人的经验、经历分享给大家,也希望把这部《性格与修身》完整地呈现在大家面前,如能帮到大家,我将深感荣幸。

# 前　　言

有史料记载以来，就广为流传着无数有关"成者王侯败者寇"的故事，很多人渴望成功不可即，也有人欲规避失败而不得果。那么真正意义上的成功和失败究竟是什么？造成"成功与失败"的结果是否真的与特定的行为、习惯有着必然联系？如果有，那么找到它并加以足够重视，是不是就可以预见成功、减少失败了呢？

我们都听过这样的道理："行为决定习惯，习惯决定性格，性格决定命运。"既然习惯和性格有着如此密切的关系，那么究竟什么样的习惯和性格才能造就好的命运？什么样的习惯和性格会衍生不好的命运呢？我想这些是我们在书本和"大道理"中不曾见过的。把好的性格特点总结出来，犹如乘法口诀那样，大家都可以轻松地拿去实践，是不是就能够改善甚至改变自己的命运了呢？于是，我总结了影响性格的"三条高压线"以及提高亲和力的"八项注意"。我将这两个板块称为修身做人的"三大纪律八项注意"，它既通俗易懂又简单实用，既接地气又能教人化解压力，让大家轻轻松松畅享人生。可以说："'三条高压'你没有，'八项注意'你具备，人生基本不会累。"我用亲身经历验证了一个"草根人物"是如何运用性格优势改变自己命运并一步步打开事业局面的。所以，我相信涵盖了诸多经历、经验乃至规律的《性格与修身》也一定可以帮助大家有效规避诸多失误与挫折、稳步走向成功的彼岸。

古语有云："修身、齐家、治国、平天下。"为什么把修身放在第一位？如何修身？两千余年来，儒家文化倡导的为人处世准则是"仁义礼智信，温良恭俭让"。圣贤先哲的这些立世之道需要我们花费很长时间去领悟、修习。《性格与修身》不仅能够通俗易懂地告诉大家做人与修身的方法，还为大家精彩地奉上了一条"修身密码"——"32、25、14、11、9、5、2、2"。

古人所讲的"天时、地利、人和"指的是古时作战时的三项关键因素，即自然气候条件、地理环境和人心的向背。那么，究竟哪个最重要？《孟子·公孙丑下》曰："天时不如地利，地利不如人和。……得道者多助，失道者寡助。"说明"人和"最为重要。如何做到"人和"，如何才能得到大家的帮助？如何收获"人和"与"成功"？如何在用人方面做到有的放矢？《性格与修身》为大家带来了一套正确选拔人才、培养人才的实战性解决方法与工具，尤其在经营企业中，想要"搭好班子""带好团队"，就需要提前把具备"人和"品质的人才选拔出来，认真培养并加以重视、重用，以大大提升企业未来"人和"的成功概率。我们集团近几年来正是使用了这套理论工具，精准"投放"人才，在培养人才方面几乎没走过弯路，并且均取得了良好的效果。

什么样的人会怀才不遇？什么样的人会有贵人相助？什么样的人会春风得意？人生性格"三条高压线"用大量的案例分析，总结性格的多方面成因，揭开了一个个谜团。例如，为什么同是寒门兄弟，一个好命，贵人相助，事事顺利，而另一个却恰恰与之相反？我相信读完《性格与修身》之后，答案自会了然于心。

人人都想"富甲一方"，而民间早就流传着一个"富不过三代"的魔咒。如何避开这个招人讨厌的魔咒，我相信大家读完《性格与修身》之后，就会明白"魔咒"出现的原因，找到化解的方法。

众所周知，中学是一个人学习成绩的"分水岭"，而人到中年则是人生的"分水岭"。以前你看好谁或者不看好谁，等到中年，所有之前选定的结果都要重新"洗牌"。当我们面对这样的"分水岭"，又如何抉择？又该如何做个一直让别人看好的人？要知道，人生仅有两条路：一条越走越宽，另一条越走越窄。如何把控道路的"宽窄"，又如何掌握道路的走向？

面对这种种疑惑，近年来通过不断探索、实践与应用，我发现《性格与修身》传达的为人处世之道理可以对修身做人、经营企业等发挥重要的作用，不仅能为中小企业的发展助一臂之力，还能为每个人及每个家庭带来和谐与幸福之音。故将此书带至各位面前，大道行思，取则行远。《性格与修身》期许能与各界同仁共同进步。

# 目　　录

章节一　性格红色高压线之傲气　/1
　　一、影响性格的"三条高压线"　/1
　　二、性格的天敌——傲气　/2
　　三、傲气如何改变　/5
　　四、傲气与运气的关系　/10
　　五、不傲气的"工具"　/11

章节二　无法沟通的性格之固执　/13
　　一、关于固执　/13
　　二、如何断定自己固执　/13
　　三、固执的分类　/15
　　四、如何改变固执　/17
　　五、减少固执的口诀与工具　/23

章节三　"魔鬼"的出现之冲动　/24
　　一、"魔鬼"性格的出现　/24
　　二、冲动的分类　/27
　　三、冲动是"魔鬼"　/28
　　四、让"魔鬼"离开　/39
　　五、性格的牢笼　/40
　　六、"三条高压线"总结篇　/41

章节四　"八项注意"之赞美　/50
　　一、修身的"八项注意"　/50
　　二、"八项注意"之赞美　/51
　　三、如何赞美他人　/53
　　四、为什么有些人不喜欢赞美他人　/59

章节五 "八项注意"之称呼 /60
　一、学会称呼，出门不堵；称呼到位，办事不累 /60
　二、称呼是最精准的沟通 /61
　三、称呼的原则 /64
　四、称呼的注意事项 /65
　五、危机公关"第一关"——"你"称呼到位了吗 /68

章节六 "八项注意"之沟通 /71
　一、关于沟通 /71
　二、沟通的顺序 /74
　三、沟通的表达方式 /76
　四、沟通无处不在 /79
　五、沟通是一种智慧 /86
　六、沟通的窍门 /91
　七、"硬沟通"工具"2213" /97
　八、沟通口诀 /99

章节七 "八项注意"之谦虚 /100
　一、关于谦虚 /100
　二、懂得谦虚法则，"落幕"亦精彩 /101
　三、三字真经，做好谦虚的"小、低、空" /109

章节八 "八项注意"之和气 /112
　一、和气的起源 /112
　二、微笑的力量 /114
　三、和气是事业成功的必备要素 /117
　四、如何做到和气 /119
　五、职场"和气道"——必不可少的智慧 /120

章节九 "八项注意"之勤快 /122
　一、关于勤快 /122
　二、天道酬勤，功不唐捐 /125
　三、做好"七勤"，不负韶华 /130

**章节十　"八项注意"之胸怀　/134**
　　一、关于胸怀　/134
　　二、"忍让"不同于"包容"　/141
　　三、胸怀和事业　/142
　　四、如何提升胸怀——"胸怀境界八维图"　/146
　　五、感悟做人　/148
　　六、人生金字塔　/149
　　七、提升胸怀的口诀　/150

**章节十一　"八项注意"之承担　/151**
　　一、关于承担　/151
　　二、承担是个人成长的阶梯　/163
　　三、一个没有承担的人是无法让财富停留的　/166

**章节十二　性格与修身之"人生不败之地"　/167**
　　一、性格与修身之"修身密码"　/167
　　二、以史为鉴，可知兴替　/174
　　三、用好性格"工具"，看懂身边人　/177
　　四、人生如茫茫征途，唯智者掌不败之舵　/184

**附录　/186**
　　汇金集团30年企业文化汇编　/186
　　幸福都是奋斗出来的　/203
　　推荐信　/205
　　学《性格与修身》有感之一　/206
　　学《性格与修身》有感之二　/208

**致谢　/210**

# 章节一　性格红色高压线之傲气

## 一、影响性格的"三条高压线"

人的性格与生俱来，注定带有"天性"。这就决定了大部分人在说话与做事的时候，大都会由着自己的性子来，全然不顾周遭人的感受。肆无忌惮的性格、无所顾忌的脾气不仅会伤害周围的人，同样也会让自己遍体鳞伤。性格"高压线"真的如此具有杀伤力吗？也许你会觉得危言耸听。我们不妨作一个假设：假如你面前是一万伏的高压线，你还会无所顾忌吗？答案肯定是不会的。因为常识和理智早已提醒你此处危险，绝对不能靠近。

可以毫不夸张地说，影响一个人能力、思想和情绪的真正原因，正是那条拥有着一万伏电压的"高压线"。面对如此的性格"高压线"，如果你想得过且过地"凑合"，不积极地去改变，那么一旦触碰到强大的"电流"，一定会瞬间麻木，轻者会让自己不断遭受麻烦与"灾难"，重者能让自己一生的事业毁于一旦。

这是否证明性格真的不能受到管控？事实并非如此。如果把性格"高压线"比作"病原体"的话，那么必然会存在能够将其"治愈"的"良方"。

而《性格与修身》便是这调和性格"高压线"的"良方"，它通过大量的调查和数据研究，证实了人们拥有不良性格的原因在于性格的"三条高压线"，同时告诉大家如何升级、优化自己的性格，改变固有性格模式，帮助大家提升对性格的了解与重视程度，从而养成良好的性格习惯。性格有"高压线"会给自己生活带来极其严重的影响，但是我们一旦学会并熟练运用《性格与修身》中的工具与方法，将会轻松摆脱性格的奴役，成为性格的主人。在接下来的几个章节中，我会依次为大家揭开性格"三条高压线"的神秘面纱，并为大家提供一些改变不良性格的实用型工具及解决方案，为好性格加油，助力完美人生。本章将为大家解读的是第一条"性格红色高压线之傲气"。

## 二、性格的天敌——傲气

自古以来，有自高自大的作风习性、总是摆出一副不可一世面孔的人总是遭人厌。这种类型的人常常充满优越感，对自己的各方面都感到满足，总觉得自己比别人强，时常看不起别人，听不进别人的意见和建议，说话"口满"，还常常在公开场合表现自己，不顾及他人面子。这样的人往往会在不知不觉中伤害周围的人，也得不到大家的青睐。他们独来独往，沉浸在自己的世界中。这种性格类型就是我们所说的"傲气"，也是性格"高压线"中的第一条"高压线"。

### 如何"诊断"一个人有没有傲气

1. 先对"自信、自满、自大"这三个词进行实践性区分

自信即发自内心的自我肯定与相信。毋庸置疑，每个人都需要怀揣足够的自信心，并且在方方面面都要流露出充分的自信。在日常生活中，我们做的很多事也都是为了提高自信心，例如穿衣、打扮、化妆等。

而在言语表达上，一个经验丰富且自信的销售员会这样说话："我做了20多年销售，销售上存在的问题我基本上都能解决。"这样说既不会让大家感觉不舒服，还能体现出满满的自信。

相反，自满之人不讨人喜欢，也不受人欢迎，还会引发他人的质疑。自满的人总认为自己什么都好，总觉得自己比别人强、比别人厉害，看不起他人，久而久之就会和他人产生隔阂。这让大家与其相处会感觉到很不舒服，慢慢地相互之间就疏远了。自满、自大是傲气不同程度的表现，说话"轻微傲气"或是"严重傲气"，两者产生的影响也会

有所不同。

所以，经验丰富但自满的销售员会这样说话："我做了20多年的销售，销售上存在的所有问题我都能够解决。"这句话就显得有些口满，大家听了就不一定会舒服。

再如："我做过20多年的销售，你们才做几天啊？""销售上存在的问题还能难住我？""我过的桥比你们走过的路还多。"这样说话让人听了很不舒服，一定会招人讨厌，这就是自大，更是严重的傲气。

2. 通过说话习惯进行判定

日常生活中，我们会发现傲气的人有个性、有脾气，说话常常爱夸大其词（爱吹牛），有时甚至与事实不符。傲气的人还不习惯赞美与欣赏他人，明明技不如人，从内心还总是"不服气"他人。

傲气之人说话习惯：傲气的人，说话不重视方式方法，甚至会出现不让对方把话说完的情况，这类人有时说话口直心快，容易得罪人；另外，傲气的人表现欲极强，如果同傲气的人在一起谈话，也许80%以上的时间都会由他来掌控。**一个傲气十足的人一生只认三个字——不服气！**

### 案例1

某天，公司一位经理安排业务员小王去客户那里拿一张20万元的承兑汇票，小王通过与客户的认真沟通，凭借自身的努力拿回了30万元，心想这回肯定可以受到领导的表扬了。但是小王回到公司后却遭遇了这样的场景：小王将30万元承兑汇票交给主管经理，高兴地说："经理，这次我拿回了30万元的承兑。"这位经理不但没有一句认可和赞许的话，反而模棱两可地说："我和对方说的就是30万元。"……这让小王非常沮丧。

案例中这位经理不懂发现和赞美下属的优点，很显然是一位极不称职的经理，他的性格就存在着典型的傲气，"傲气伤人"。类似于这位经理这样的人，生活中也大有人在，这类人无论如何是带不好团队的，这也是很多企业形不成团队，发展受到制约的主要原因之一。

### 3. 通过做事习惯、做人风格进行判定

不得不承认，傲气的人一般智商较高，做事能力较强，办事效率高，常常会受人羡慕，其优点很多但缺点也很明显。我从做事习惯和做人风格两个方面对其做了归类，具体见表1-1。

表1-1　　　　　　　　　　傲气的日常表现

| 分类 | 日常表现 |
|---|---|
| 做事习惯 | 1. 容易聪明反被聪明误，处事轻率。<br>2. 做事不细致，失误多。<br>3. 缺乏必要的耐心。<br>4. 做事习惯我行我素，行动时很少征求他人的意见，英雄主义气息浓厚，感觉做任何事都很简单，认为自己无论做什么都是最好的。<br>5. 有时做事心里也会没底儿，但做错了事又很会为自己找理由，不正面承认自己的错误。 |
| 做人风格 | 1. 自尊心比较强，很爱面子，目中无人，自我主义严重，常常认为别人不如自己。情绪波动较大，不太在意别人的感受。有时做事说话缺乏必要的忍让。<br>2. 缺乏沟通与汇报工作的习惯，总觉得事情简单，没必要沟通与汇报。<br>3. 偶尔不太在意礼节，缺乏对领导的追随力。 |

老舍先生曾这样评价"傲气"：骄傲自满是我们的一座可怕的陷阱；而且，这个陷阱是我们自己亲手挖掘的。

人一旦有了傲气，久而久之易与人产生误会甚至矛盾。自古就有"恃才傲物""恃才放旷"的说法，傲气在每个人身上都会或多或少地存在，但轻重不同，其表现形式也有所差异，所带来的影响自然也不尽相同。任何人都可以通过上述方法来检测自己或周围的人身上是否存在傲气。

● **案例2**

清朝雍正年间，被封为西北抚远大将军的年羹尧就是一个性格极其傲气的人。1724年10月，年羹尧二次进京，接待场面之大，令人咋舌，众多王公大臣出城迎接，王爷以下官员行跪拜之礼，年羹尧安然坐于马

上行过，看都不看一眼。大臣们看在眼里，恨在心里，但因其军功卓著，大家都敢怒不敢言。然而好景不长，到了1726年，年羹尧便被赐狱中自裁，距其上次胜利归来仅仅两年时间。

一个如此受皇帝器重的大功臣、大将军，为什么会沦落到如此地步呢？原因无他，就在于年羹尧骨子里的傲气，以及其不经意间流露出的"自以为是"。更为甚者，他竟傲气到连雍正皇帝都不放在眼里，严重失去了追随力，还擅杀钦差大人孙嘉诚、殴打宫廷侍卫……这一系列恶性事件，引得大臣们群情激愤而联名上奏。这种种事件之后，终于惹得雍正皇帝怒而杀之以儆效尤。

曾国藩说，天下古今之才人，皆以一傲字致败。莎士比亚说，一个骄傲的人，结果总是在骄傲里毁灭自己。无论任何职场选拔人才，傲气之人都会因其性格而失去关键的一张选票。

历史上因傲气致败的人，最为典型的一个就是西楚霸王项羽。项羽向来自以为是，从不悉心听取军师范增等人的规劝与建议，使刘邦有了迅速发展壮大的机会，最终无奈乌江自刎。此外，我们熟知的关羽同样也败在了傲气上，史料记载，关羽能力过人，有胆有谋，武艺更是超群，但受困于其性格。孙权想与其结为亲家，结果被其一句"吾虎女安肯嫁犬子乎"，顷刻间彻底激化了双方矛盾。关羽终被吴国斩杀。刘备、张飞报仇心切，失去理性，亦加速了蜀国的衰败与灭亡。

## 三、傲气如何改变

古人云："江山易改，秉性难移。"也有人说："性格习惯是父母给的，很难改变。"其实这两句话都是不辩证的。性格是可以通过正确的方式、方法加以改善并逐步转好，从而达到预期效果的。

为什么在我们印象中傲气的性格是不易改变的呢？我认为，原因无非有三点，具体见表1-2。

**表 1-2　　　　　　　傲气性格不易改变的原因**

1. 没有真正理解和认识到"性格决定命运"的真谛。
2. 无法衡量傲气的性格习惯将会给自己带来多大的麻烦及危害。
3. 从未意识到性格傲气会是人生的一条"高压线",低估了这种性格对自己及后人的幸福和命运的影响力。

## 改变傲气,从现在开始

要想改变傲气的习惯,首先要有"空杯归零"的心态,"空杯归零"即空则能容,零者即开始。要学会对自己降低"档次",不能感觉自己什么都有、什么都会、什么都好。

其次,要明白"山外有山,人外有人",要多同比自己优秀的人相比,多看一看别人的优点。多思考自己不如谁,需要在哪些方面进行有效提升;少考虑谁不如我。

再次,要学会少说多听。要懂得用欣赏的眼光去肯定他人,说话口气要注意委婉,不要轻言否定。要学会多夸人,多赞美与欣赏别人的优点长处。

## 减少傲气的习惯

减少傲气习惯的方法,具体见表1-3。

**表 1-3　　　　　　　减少傲气习惯的方法**

1. 与人相处时要多一些微笑、赞美、鼓励等表示认可的言行。
2. 养成倾听的习惯,多用"称呼"和礼貌、谦虚用语。
3. 少说"不""不行""不可能"等,不要轻易拒绝别人。
4. 最关键一条是遇事要多沟通,工作中对于领导交办的事要养成勤汇报的习惯。

"干活不由东,累死也无功",这是父辈们经常提及的做人道理。现实中有不少人会经常犯下"不由东"的"低级错误"。这种人忽视了对领导应有的追随力,常常是出力不讨好。其实"不由东",归根结底还是自身性格傲气所致。事实上这类人应该牢牢记住这句话："优于别人并不高贵，优于过去的自己才是真正的高贵。"

还有一种现象我们有必要正确认识。如果你各个方面都很优秀，你成功了，别人会把你的傲气当做是自信；但是，如果你失败了，那么所有的自信都将变成傲气。虽说做人不能以成败论英雄，但成功确实能改变不少人对你的认知。可能这就是修身做人的难处所在吧，要不然怎么会说修身做人是人一辈子的事呢！

总而言之，做人要有尺度，做人也需要掌握一定的方法，并且它是每个人都必须要掌握的一种技巧。我们都知道性格决定命运，因此，做人要先了解自己性格中是否存在傲气，同时还需要时刻提醒自己傲气是性格的一条"高压线"，一定要让自己随时保持警惕，从而建立起傲气的高压预警防线。

### 人人需要追随力

想要杜绝傲气，就要先看懂管理者"五力模型"。管理者"五力模型"是2010年我于清华大学经济管理学院进修时学到的，感悟良多，在这里分享给大家（见图1-1）。管理者"五力模型"要求一名管理者不仅需要具备这五种能力，更要学会平衡这五种能力，如此方能真正成为一名优秀的管理人才。这五种能力分别是追随力、执行力、影响力、领

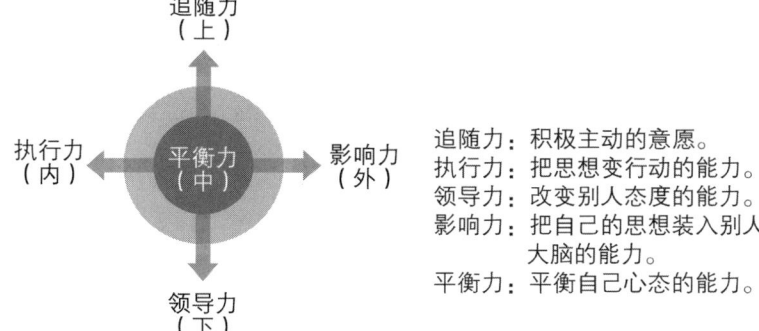

图1-1 管理者"五力模型"

导力和平衡力。**追随力是积极主动的意愿，执行力是把思想变行动的能力，领导力是改变别人态度的能力，影响力是把自己的思想装入别人大脑的能力，平衡力是平衡自己心态的能力。**将管理者"五力模型"应用在实际的企业管理中，我发现任何高管只要缺乏这五种能力的任何一种，都不能成为一名称职的高管。

管理者"五力模型"中最重要的一项能力是追随力。对照职场中那些"成绩欠佳"的企业高管，无不是他们的组织纪律性差、"干活不由东"等陋习引起的，其本质还是缺乏必要的追随力。

工作实践中我得出这样的结论：一般性格谦逊的人相对来说追随力较强；相反，拥有傲气性格的人，其追随力较差一些，这类人有能力，也有主见，但习惯以自我为中心，无形中就失去了追随领导的能力。

追随力是一个人做事积极主动的意愿。如果失去了做事时的积极性和主动性，也就失去了做事情的基本能力，任何组织都不会接纳这类人的。职场生涯中也唯有谦虚、低调地做人做事，才能把管理者"五力模型"中的追随力做到位。一个傲气十足的人常常自以为是，不仅不能与上司搞好职场关系，还经常会与上司产生意见分歧甚至顶撞上司，这是完全失去追随力的表现，这样性格的人在职场中是很艰辛的。

● **案例3**

2011年，我认识这样一个朋友，他是江苏一家全国500强企业的董事兼副总，我在与他的交谈中发现，他对自己集团的领导总是怨声载道，指责领导安排的工作有诸多的不合理、执行困难，等等。当时我与他并不熟悉，可从他的言语之间能感受到这位副总的性格存在着一定的傲气成分，因为傲气之人大多缺乏追随力。我预感他不久就会出问题。果然没过几个月时间，就听说这位董事兼副总已经辞职。后来我再去这家企业访谈时，听其公司人说，辞职的那位老总性格太傲气了……

其实，现实生活中不乏存在这样一类人，他们很少把别人放在眼里，在企业里也不重视与领导的关系，总认为自己的方法是好的，自己说的是对的，自己做事比别人强，从来不服气任何人。结果不仅影响了自己的职务晋升，同时也阻碍了整个团队的发展，成了真正拉企业后腿的人。企业是用有能力的人还是用步调相对一致的人？答案是显而易见的，首先要选择步调一致的人，其次再考核能力的大小。假如步调不一致，有能力却往反方向去努力，在企业中将会是一件非常可怕的事情。

**改变一点点**

傲气的性格会让我们在任何职场选举中丧失关键的一票。仔细想想性格傲气产生的影响，归根结底会留给谁？

我不是在开玩笑，更不是在说大话。如果不改掉傲气的性格习惯，一定会将这些坏毛病留给我们的下一代。我们每个人都拥有双重的责任：

一是学以致用，提高自己各方面的能力，并让自己变得更加完美。

二是担负起"传宗接代"、培养新人的历史责任。我们每个人都是未来家中的"老祖宗"，都有责任为我们的下一代"接好班""站好岗""带好头"。为此，我们更须克制住傲气的性格习惯，为家庭的健康发展作出贡献。傲气给我们工作、生活所带来的严重危害，谁能及早悟到一点点、改变一点点，谁就能把握住更多的发展机会，谁就更有可能获得成功。所以说，改变傲气的性格"高压线"是每个人亟待解决的头等大事。

● **案例 4**

有这样一个故事，两个猎人一起去森林里打猎，由于在森林里忙活了一上午，两个人都觉得累了，于是就靠着大树休息。其中一个人突然警觉地发现，不远处正走过来一只大黑熊，这人就赶快推醒队友道："黑熊来了，快跑吧。"但这位被唤醒的队友说："你跑吧，我跑不过你。"……

在这个故事里，两个猎人都很清楚，面对大黑熊谁只要能跑快一点点就算赢了。而跑得慢的那位也非常清楚自己的命运。这说明，如果在日常工作中谁能及早地意识到自己的缺点，并且尽早地去改变一点点，那么谁就有可能占有更绝对的优势，把握住更好的机会，从而取得最后的胜利。

我在2017年春节后的第一次企业中高层会议上，为了让大家能够快提高、快成长，提出了**"做事三快"的准则，即做事要快、改变要快、提高要快**（见表1-4）。

表1-4　　　　　　　　"做事三快"准则提出的原因

1. 总有一些人，平时做事效率太低、拖拉，习惯了等待领导追问事情的进展，这部分人需要"做事要快"。
2. 个别员工，明知自己做事和说话的某些习惯不太好，大家不喜欢，会影响自己的发展，但就是不着急、不重视、不改变，任凭陋习蔓延。这部分人需要"改变要快"。
3. 提高要快，就是让大家在工作中要多动脑子，多找方法和技巧，尽快尽早地提高自己的业务水平。其实有些人明知自己存在的问题和差距，但做事就是不用心、不操心，能力和水平始终没进步，不仅影响了自己的进步，还影响了公司的发展。这部分人就需要"提高要快"。

## 四、傲气与运气的关系

河南有句俗语："运气来了门板都挡不住。"虽然这句话带有一丝诙谐，但从另一方面也说明了人的运气来了谁也挡不住。"人撵运，撵不上；运追人，你跑不成"说的也是这个道理。总之，有好运的人不用担心，运气自然就会来。

通过总结性格"高压线"，我发现傲气这条"高压线"与运气有着密切的关系。一个人长期受做事习惯的影响，也会使他所处的环境为之改变，人脉关系为之改变，自然也会使各方运气为之改变。（当然，任何事情都存在着特殊性和普遍性，这里所提到的事情泛指普遍性的现象。）

一个有性格傲气的人，一般很少"服气"别人（前边说过），总认为自己是最好的。

一个有性格傲气的人，往往会对别人的要求标准很高，当别人难以达成其要求时，就会产生不满，从而"大发脾气"。

一个有性格傲气的人，因时常爱发脾气，自然会影响周围的人际关系，大家一般都不喜欢他，所以会失去很多朋友，从而造成"缺人气"。

在事业发展过程中"有人气和有人缘"十分关键。生活中经常有这样的人，事业遇到挫折后总会推脱责任地说自己运气不好，并为自己的失败找一大堆理由。其实这种人运气不好恰恰是因为自己的性格缺陷引起的。因为性格傲气之人常常会令身边人感到不舒服，引起大家的反感，这才是导致"人气"欠缺的主要原因。正所谓"失道者寡助"，失去了人气和人缘，最终自己的事业只能越来越小。我常常举这样的例子，把一个十分有能力的人放在人烟稀少的地区，是绝对不会有什么大作为的。因为运气和人气是"两两相依"的。

类似上面的情况相信大家也都有所见闻。想必大家也都知道，成功有方法，失败也是有原因的。此刻，与其自怨自艾，不如认真总结失败的具体原因，并将其一一找出，想办法认真克服，不找理由地努力去改变，最终取得成功。

结论：有傲气的人，由于少服气、多脾气、缺人气，导致没运气，从而事业越做越小，也就是说，**有傲气＋少服气＋多脾气＝缺人气＝没运气**。简言之，即"有傲气＝没运气＝事业变小"。相信这也是改掉傲气的最好理由之一。

## 五、不傲气的"工具"

通过对多数有傲气性格之人的观察和总结，我发现在他们身上时常体现着"不服气"，并且情绪波动比较大，爱发脾气。另外，这种性格类型的人还不善与人沟通和交流等。

综上，做到不傲气的关键就是多服气、少脾气、多沟通。

如何由傲气变谦虚，成为一个亲和力很强的人？下面给大家介绍一下不傲气的实用型"工具"，见图1-2。

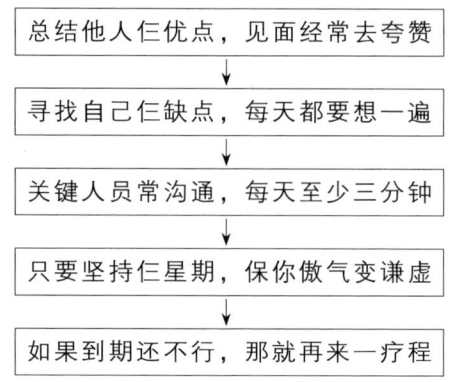

**图 1-2 不傲气的实用型"工具"**

　　说话谦逊、委婉是中华民族几千年来的传统美德，是得以流传千古的可贵品质。改革开放以来，我听说过也接触过很多这样的老板，他们能力不差，也拥有不错的人脉关系，20世纪80年代初期就已积累了一定的财富，但人到中年事业却越做越小。分析其原因虽然复杂，但大多都与其自身的性格习惯分不开。其实，每个人都是一样的，你过去佩服谁、羡慕谁，再把目光拉至中年，你会发现许多事情与自己想象的差距甚大。细心分析一下原因，你就会越来越相信这样一个结论——"性格决定命运，傲气导致恶果"。

　　因而，无论我们从事什么行业，说话做事谦逊有礼、自信适度才是我们追求的无上境界，也只有这样的人才能讨得大家喜欢，从而赢得"人气"，碰上"运气"，获得"贵人"相助。

# 章节二　无法沟通的性格之固执

## 一、关于固执

生活中总会有这样一类人，尤为执着地坚持自己的观点和意见，凡事喜欢自己拿主意，听不进他人的任何建议，不懂得变通，思想顽固不化，做事一意孤行，爱钻牛角尖，不撞南墙不回头，为人死板教条，刚愎自用，只相信自己从不信任他人，平时还爱与人"抬杠"、与他人争论毫无意义的问题，让人感觉与其沟通很困难。这种性格习惯便是我们常说的"固执"。

固执的人因无法与其沟通、交流，让大家深感厌烦；但是固执的人往往自己感觉不到，通常还会认为是别人的问题。性格当中如果含有固执的成分就被定义为第二条"高压线"。

## 二、如何断定自己固执

在日常小事上，有些人就表现得很顽固，再小的问题都不肯有丝毫的退让。我们身边也一定会有这种人，不仅自私自利且冥顽不化。指责别人容易，然而，想要发现自己身上的问题较为困难。通过比对，如果你发现自己身上存有下表 2-1 中所列"症状"，就说明已经触犯了"固执"的高压线。

**表 2-1**                 "固执"——过度执着的"演化"

1. 明知自己存在某方面的错误,但还是坚持自己的想法、计划,或是希望别人接受自己的想法。
2. 即使是一项合理化建议,但是如果从别人口中说出来,你也会下意识地去反对。
3. 如果别人想改变你的想法时,你通常会显露出不耐烦的情绪。

## 区分"固执"与"执着"

在工作、学术研究等场合,一定不能将"固执"与"执着"混为一谈,一旦混淆,就会产生错误的判断。固执与执着的重要区别在于,固执的人过多地是坚持自己的方法和行为,而执着的人则会坚持自己的目标和方向。像专业技术型、学术型人才对学术方面的执着就不归为固执,这是工作需要,他们必须坚持自己的观点。但是,如能在自己的专业和工作之外,学会多沟通、勤变通,则人生会更加完美。

需要注意的是,任何事物的发展都存在量变与质变的关系,量变积累到一定程度,必然会发生质的变化。因此,执着一旦过了头,就会演变成固执。所以做任何事情,我们一定要把握好这个度,力求做到让他人感到"舒服"。我国民俗文化中处处蕴含着"舒服"二字,换个角度理解,其实让他人"不舒服"的坚持就是固执,让他人"舒服"的固执也是执着与坚持。

### ● 案例 1

10 年前,我公司一位销售员给山西一家电解铝厂供原材料,一次他去山西拜访客户,返程时,正巧客户要来郑州办事儿,于是两人便一路同行。路上途经另一家铝厂时,这位销售员无意中说:"这里也是一家铝厂,这家铝厂拥有年产 5 万吨的产能。"这位搭便车的客户听后立即反驳说:"不对!这家铝厂是年产 3 万吨的。"销售员听了仍坚持自己的观点:"这的确是 5 万吨的不是 3 万吨。"客户也不相让:"不是 5 万吨是 3 万吨的！"……两人刚开始还是"温柔"地争辩，后来都渐渐提高了嗓门，你来我往，300 多公里的路程，俩人竟毫无意义地争辩着这样一个很无聊很无聊的话题，直至抵达目的地，彼此也都没有说服对方。这位销售员原本计划要在郑州请客户吃顿晚饭，结果客户下车后直接甩门径直离开了，从此公司也再无机会与其合作了……

这件事情其实很简单，但故事中的两个人为什么会这样呢？显而易见，这两个人的性格中都存在固执的"高压线"，"不幸"的是这两个人却巧合地碰到了一起。

## 三、固执的分类

固执主要分为两种：一种是性格固执，另一种是思想固执。

性格固执的人在我们的生活中并不常见，但是如果一个人一旦存在性格固执，将会对其生活和工作产生非常深远的影响，这种影响有时候甚至是"致命"的。

思想固执的人在现实生活中十分普遍，像思想老化、不去创新、企业经营老一套等都属于思想固执。现实生活中，思想固执的人非常多，只是程度轻重不同罢了。

一个人固执性格的形成与其自身的学习能力、理解能力以及眼界等都有着关联，并且如果自身意识不到，随着年龄的增长，思想与性格会变得越来越固执。

"解放思想，实事求是"，这是邓小平同志在改革开放初期提出的极具创新意义的口号，其本意是让大家从实际出发，解放思想，不要固执，不要盲目坚持错误的纲领。通过对性格"高压线"之固执的调查研究，我更能理解邓小平同志提出这一重要战略的良苦用心。"解放思想，实事求是"，就是要求我们一定要务实，实事求是地去看问题，去探寻问题的本质。这两句话在时刻给我们敲响着警钟，提醒我们要不断学习，不断解放思想，千万不能固执。

### 性格固执的表现

任何事情都存在矛盾的普遍性和特殊性。性格固执的人，工作中会常常拿矛盾的特殊性与普遍性的问题去比较，往往习惯将矛盾的特殊性扩大，拿"个别"案例与人争论不休（爱抬杠），从而引发争执，造成不愉快。

性格固执的人有时候说话不讲道理，却认为是别人不讲道理、不可理喻。我发现，在企业内部总有这样一些人，对企业制定的规章制度不认同，觉得不合理，不愿意去执行，其实这与他们自身固执的性格有很大的关联。在企业中还有这样一些人，说话难听，事情难办，和大家总是融不到一起，凡是他决定的事情，任何人都无法改变，没有人愿意主动与其交流。拥有这些性格特点的人就是典型的固执，其表现见表2-2。

表 2-2　　　　　　　　　性格固执的表现

| |
| --- |
| 1. 爱面子，忽略结果的重要性。 |
| 2. 习惯以自我为中心，听不进别人的意见。 |
| 3. 封闭自我，拒绝他人援助，不愿意接受新观点、新思想。 |

性格固执的人死要面子活受罪，其实我们在工作当中争论也好协商也罢，最终想要的都是一个完美的结果。如果好的结果没得到，目的没有实现，那么自己的"面子"还能值几个钱，这时候要"面子"还有用吗？

### 思想固执的解释

思想固执一般指长期坚持自己早已陈旧的思想理念，故步自封，不向比自己强的人学习，也不积极去改变，认为老思想、老观念、老做法是最安全的，也是最合理的。

联想我们自己的企业现在做得怎么样了？有没有真正解放思想？当前有很多中小企业规模小、发展慢、长时间没有任何起色，究其原因，主要还是企业的发展理念和思路"固执、局限"。而"思想固执"的企业只会为自己的发展缓慢找理由，从不主动地为发展找方法、找思路。

一定要相信，只有解放思想才是思想不固执的必备条件。而解放思想就是要做到：当一条路走不通就赶快转变到另一条路上。我们公司近几年的变化相对来说是较大的，短短5年内成功投产了3个新项目，且同国家节能环保政策符合，目前都在盈利中。2017年，公司纳税同比增幅187%，员工工资同比增幅49%，这些均说明了我们的思想在解放、思路在变通。思路决定出路，我们所坚持的正是实事求是的原则，坚持创新和改变。我相信：新投产的3个项目一定会在未来三至五年里成为公司的支柱型产业。当然，如果发现投资项目效益不好，或是存有不符合国家发展趋势等不良情况时，我们会立即叫停止损。

### "年长者多固执"的魔咒

英国诗人、剧作家、文学评论家约翰·德莱顿说："固执己见的人往往做错事。"美国思想家爱默生说："庸才之所以平庸就是因为他们的思想愚昧而固执。"固执的性格会使身边朋友越来越少。有这样一个普遍的规律必须引起我们反思，那就是年轻人多冲动，年长者多固执。

不可否认，当我们随着年龄、经验与阅历的不断增加，一定会在某些程度上变得越来越固执。这个论断听起来似乎是个不可改变、不可逆转的规律。但通过学习，我们对思想固执和性格固执都有了更多的了解，相信"年长者多固执"的魔咒也能得到相对的化解。此外，通过对《性格与修身》相关理论的学习，还能帮助我们了解固执对事业、人生和家庭的重大危害，掌握与固执的人相处的方法，学会如何去包容与共赢。

## 四、如何改变固执

### 要懂得"变通"

相信大家都听过这样一句话："打得赢就打，打不赢就走。"这是一代伟人毛泽东关于运动战的重要原则，主张与敌作战要避实就虚、力争主动。这种变通的作战方式也成了抗战胜利的不二"法宝"。在现实生活中亦是如此,当眼前的路无法抵达目的地时,就要认真总结并感悟"穷则变,变则通,通则久"的道理,也许变换后的想法就是助你走向成功的正确思路。

### 正确看待"面子"

我在总结企业文化时,曾对固执习惯有过总结(见图2-1)。

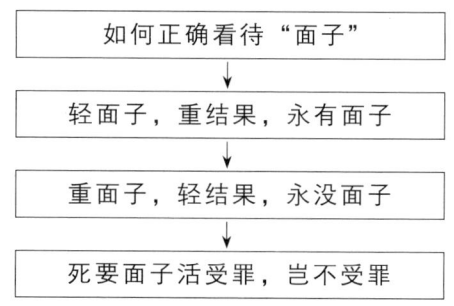

图 2-1 如何正确看待面子

固执所造成彼此争执的原因不外乎就是为了一个"面子"。很多人喜欢要面子,而固执的人更要面子,曾经叱咤上海滩的杜月笙说过,人生要吃好三碗面——体面、场面、情面。他非常在意体面,重视场面,讲究情面。事实上,中国人爱吃的也正是这"三碗面"。这"三碗面"中国人都懂,也是最容易引发固执"高压线"的。面子固然重要,但好的结果才是最重要的,我们不论做任何事情都是为了达到一个较为圆满的结果。如果固执到最后连想要的结果都没有了,那么这"三碗面"还有用吗?千万不要犯"死要面子活受罪"的错误,在能够高效处理事情面前,所谓的"面子"是没有半点价值的。我们一定要清醒地认识到:只有保住了良好的结果,才会博得真正光彩的"面子"。

### 要学会"示弱"

固执是性格中影响较大的"高压线",是一个人生活和事业进步的"天敌",会让其一生与别人无法沟通、无法交流,更无法成功。因而我们需要随时提醒自己，平时要少一些无谓的争辩，多变通、多听听别人的意见和建议。

工作中发生的一些小的误会和摩擦，既影响团结又伤害感情，那么在这种情况下我们能否率先抛出橄榄枝，第一时间送对方一个微笑或一声问候，或者发条短信主动表示歉意、说声对不起呢？这种示弱不是丢面子，更不是无能，而是体现自己沟通水平和个人能力、主动挣回面子的一种表现。

自古最难以调和的问题就是婆媳矛盾，所谓"清官难断家务事"。但是能够产生矛盾自然与婆、媳各自的性格息息相关，婆媳之间难以融合的性格长时间交汇在一起，彼此之间也都紧盯着对方的缺点，互不相让，互不沟通，各自坚持自我才酿成了矛盾的大集合。

### 案例 2

有这么一个小家庭，家中已有两个小孩儿，婆婆帮助儿媳看孩子、做家务，小日子过得很平淡。但婆婆经常会为了小事情同儿媳妇怄气、计较。但儿媳却是一个有智慧而不固执的人，她每次看到婆婆不高兴时，都会主动上前与婆婆沟通。这次，她又微笑着主动上前叫了声"妈"，并高兴地把孩子交给婆婆来带，婆婆听到媳妇喊妈，心里顿时平复了很多，什么也不多说了。

聪明的媳妇就是用这样一个小技巧有效地避免了婆婆不良情绪的"蔓延"，化解了家庭误会和矛盾。这是一个真实的故事，婆婆性格固执，但媳妇却非常懂得变通，两人就能和平相处，共同维护家庭幸福。

其实生活中类似这样的故事还有很多很多，如果大家都能不去计较，懂得变通，那么人与人之间的矛盾和误会就会少之又少。如果我们都懂得相互理解和包容，工作也会变得更加愉快，社会将变得更加和谐、稳定。其实，人这辈子没有多少大事可纠缠不休，基本上也都是些家庭和工作上的琐事，如果都能够控制好自己的性格和情绪，想要成为一个快乐、幸福的人就不会是奢望。

### 要解放思想

追溯古今，无论我们从事何种职业，思想都需要解放，敢于创新才不至于犯下固执的错误。把生活中所有的思想封闭起来，就容易使人走向固执。然而，固执之人极有可能让自己的性格"病入膏肓"之后再走向"不归之路"。想要减少固执的秉性，就需要我们平时多听听他人的意见和建议，先看看他人的意见结果如何，切不可轻易地否定别人，要多相信别人。

"小事一半听人言""大事仨人拿主见""要事多听成功言"，这三句话我想送给所有的年轻人，即使是日常小事也需要多听听他人的想法与意见，送给别人一些信任，这样也能有效避免自身固执习性的产生。处理大事时，我们要尽量争取更多人的建议，多比较一下，看谁的意见更合理、更准确，也能避免和减少失误。遇到重要的事情，我们还要听听成功人士的看法和建议，由于他们经历过，会拥有比较丰富的经验，因此也一定会给予你中肯的经验与建议。

汉朝开国皇帝刘邦，在他成就帝业的过程中，积极采纳韩信、萧何、张良、陈平等人的建议，这也是他最终能够实现汉朝大一统局面的重要原因。而他的对手项羽却自以为是，对军师范增的建议一言不听，固执地坚持自己的错误决定，从而导致败局。

唐太宗李世民曾问魏徵："人主何为而明，何为而暗？"魏徵对曰："兼听则明，偏信则暗。"能够开创"贞观之治"的盛世景象，与唐太宗广开言路、善于纳谏的治国之策密不可分。

明朝开国皇帝朱元璋听取朱升提出的"高筑墙，广积粮，缓称王"九字方针，认真贯彻，一步步实现了统一中国的伟业……

相信这些历史故事大家都已耳熟能详，但我们需要记住的不仅仅是他们的光辉事迹，更是他们不固执的秉性与做事风格，这些才是我们当代人学习的主要方向。

一次，我因给朋友多打了个电话，认真听取朋友的意见，使公司少损失 500 万元。

## 案例 3

2014年,我在焦作开会,会议期间结识了一个企业界的朋友,由于是同一个地区做企业的,彼此感到很亲切,于是我们还相互交换了名片,想多交个朋友,以便今后有困难时可以互相帮助,会后我们还相互去了对方的企业学习参观。之后不久我接到了他请求帮忙的电话,他说自己有个500万元的贷款到期了,需要"过桥资金"倒贷,并说只用一个星期就还我。大家既然是朋友,他需要帮忙,我自然难以回绝他;再说他的企业也经营了二十几年,担保500万元又不是个大数目,于是有些心动,真想答应他。不过,我的习惯是喜欢再多考虑考虑。挂完电话,心里考虑着我认识的一位与其同县的朋友,想问问他的建议,看能不能将钱借给那位朋友?结果这位同县的朋友在电话里告诉我:"他人品没事,但听说他借了很多的高利贷。"我听后就果断作出了不借钱的决定,他既然有高利贷就证明他的资金很紧张,资金链很容易出问题,在这样的情况下,担保风险很大。于是当天我就找个理由拒绝了他。结果时间刚刚过去一个多月,曾提供给我建议的朋友问我:"上次500万你给他担保了吗?"我回答没有。这位朋友说:"这次幸亏你没给他担保,他已经出事了,因高利贷事件导致资金链断裂,企业被查封,老板已经被抓了。"事后,我非常庆幸自己多给朋友打了个电话,庆幸自己平时做事喜欢多听取别人的意见,否则,这500万元就打水漂了。

近几年做企业很流行"私人董事会"和"智囊团",成立这样的"智囊团"的意义就是做企业时,用大家的能力和智慧针对一家企业展开调查和分析,并解决企业当下存在的现实问题,从而使企业得到快速发展。"智囊团"主要是为了防止因为一个人的思想固执而造成决策失误,进而影响企业的发展和进步。其实,我的"智囊"就是我做企业的这近三十个年头的经验,如果要用一句话总结的话,那就是"平常多听听大家的意见,不要固执地坚持自己的意见"。

### 学会不给自己画圈

奥黛丽·赫本说，要想拥有自信的态度，请学习你不曾学过的知识。当今社会不断发展和进步，**一个人没有时间学习新知识就有足够的时间犯老错误**。解放思想、减少固执更需要依靠多学习来丰富自己的知识，通过积极接受新思路、新理念等，来防止自己的思想受到限制。

另外，不给自己画圈，还要多信任别人。阿里巴巴集团创始人马云说："不老、不败、不糊涂的唯一方法，就是相信年轻人，相信年轻人就是相信未来。"因为年轻人拥有无限的发展潜力。其次，我们也应该相信"长者"，因为"长者"的经验和经历更丰富；同时我们也应该相信"幼者"，因为他们学的是新知识和新技术，不会用"经验"来禁锢自己，给自己画圈。

**任何组织如果没有新人进入就等于衰败的开始**。一个企业或组织如果没有新人进入，没有新鲜血液注入，是不可能有更多的改变和发展的，也就是衰败的开始。正是意识到了这点，近几年来，集团通过不断引进优秀研发人才，拓展新型环保领域，短短几年时间，公司新投产项目达到3个，且每个项目都有盈利，单从这一点来说我们就已远超国内同行。据不完全统计，与同行企业相比，公司在发展理念和发展速度方面超前约15年。这就是不给自己画圈的最好的实践证明之一。

做企业经常会听到这样的话，今年企业形势不好，业绩差，生意难做，等等。这里借用一位企业家说过的话：企业形势不好是你的企业形势不好，今年业绩差是你的业绩差，今年生意难做是你的生意难做。也就是说，按照不给自己画圈的理论基调，现在个别中小企业，一年做几千万的业绩且年年几乎没有递增，这一大家口中所说的"普遍现象"其实是不正常的。其实别人能做到的事情，我们也能做到，而想要达成这样的效果，这里的关键就是你想不想去做？你想不想去改变？多拷问下自己，到底有没有给自己画圈？自己努力了吗？努力至无能为力了吗？……考虑到这些，我们经营企业还敢固执地给自己"画圈"吗？

## 五、减少固执的口诀与工具

如果想要改变固执的性格,请记住以下口诀与工具(见表 2-3)。

表 2-3　　　　　　　　减少固执的口诀与工具

| 诠释 | 口诀与工具 |
| --- | --- |
| • 生活中,小事多听听身边人的建议,不要什么都自己说了算。 | • 小事一半听人言。 |
| • 相对重要的事情要多和身边人商量,挑选出最优的方案。 | • 大事仨人拿主见。 |
| • 特别重大的事情要多听取成功人士的意见,这样才能少走弯路。 | • 要事多听成功言。 |

减少固执的口诀与工具对于现在的年轻人来说应该是特别有用的。我认为,其主要作用如下:

对于生活中的小事,多听听别人的意见,能够增进彼此之间的沟通和友情。

对于相对较大的事情,与大家多商量,例如采用"头脑风暴"的形式选出一个较为理想的结果,能够避免因自己的失误而带来损失。

对于那些十分重要的事情,想方设法请教身边的成功人士或者经验丰富的长辈,多听他们的意见和建议,一定会受益匪浅的。

"固执"并不可怕,只要了解了它,掌握并应用好口诀与工具,就可以做到有效化解。

# 章节三 "魔鬼"的出现之冲动

## 一、"魔鬼"性格的出现

人常说:"性格决定命运。"不良性格习惯我们早知道、早预防,就能终身受益。如果出了问题才知道后悔,一定悔之晚矣。聪明的人碰一个钉子能悟出十个道理,愚蠢的人碰十个钉子才悟出一个道理,高明的人看别人碰钉子也能悟出道理。学会本章节就可以参透性格"魔鬼",让我们在日常的生活和工作中少碰钉子,甚至不碰钉子。

有人做了一个大胆的预测:"若再给刘备、关羽和张飞兄弟三人十年时间则天下可统。"只可惜由于关羽之死,换来了刘备和张飞的复仇之火,从而"一石激起千层浪",酿成惨败。

熟悉三国历史的人都知道,关羽的一句"吾虎女安肯嫁犬子乎"激怒了孙权,随之灾祸降临。刘备为给二弟关羽报仇,不听劝阻,打响了著名的"夷陵之战";深入吴地久攻不下,相持8个月被陆逊火烧连营,终病死于白帝城。张飞为给二哥报仇,让士兵3日内制办白旗白甲,三军挂孝伐吴,稍不合心意就打骂士兵,因此种下了恶果,被手下人残忍谋害。就这样,曾经结义于桃园的三位名士被滚滚历史洪流所湮没。

诚然,在现实生活中,每个人都会遇到很多不如意之事,例如因为小事产生误会、争吵,以及工作中的各种不配合等;在企业经营过程中也会遇到诸多困难和矛盾,例如股东不和、资金链断裂、企业难以维持等。这些"不如意"的诱因往往都与冲动的性格有关。

表3-1中所列现象,表现轻微的算情绪不稳定,过于严重的就是我们所说的"魔鬼"性格——冲动。这类性格被定义为性格的第三条"高压线",也是最为严重的一条"高压线"。

表 3-1　　　　　　　　易滋生"冲动"魔鬼的现象

1. 做事鲁莽，不考虑后果。
2. 感情特别强烈、易怒、做事情不理智。
3. 小心眼、爱计较、情绪波动大等。

下面我要讲的是一个真实的事件，是一个年轻人因一时冲动一拳打出 10 万元教训的事儿。

### 案例 1

身边有个朋友曾雇了个叫小王的司机。一天，小王开车出门办事，下午下班时路上堵车，被堵在了红绿灯路口。时间一长，小王显得很急躁。正巧这时有个年轻人骑着电动车也被堵在了此处，正好停在小王汽车的前面。小王颇有些不耐烦，就摇开车窗冲着他没好气地喊道："你是怎么骑车的啊？"就这么一句不顺耳的话瞬间挑起了前面骑电动车年轻人的怒火。他不仅一动不动地把电动车停在小王车前，还随口怼了小王一句："我就是这么骑车的！你能把我怎么着？"

年轻的小王坐在车里也没有听清对方到底说了什么，还以为是在骂自己。于是当兵出身的他冲动地推开车门二话不说，冲着对方的脸就是一拳，对方并没有还手，一只手捂着自己的鼻子，一只手拨打了 110 报警电话。很快警察来了，了解情况后把他们带到了派出所，并安排被挨打的人去医院做检查。没有多长时间，检查结果传到了派出所：鼻梁轻微骨折，轻度伤残。凭着医院提供的伤残报告，小王是一定会为他的冲动付出"代价"的。按规定小王在派出所关押超过 24 小时，就必须移交到看守所。一旦移交看守所，这一进一出光走流程就要一个多月，并且还有被判刑的可能。这可把小王吓坏了，于是想赶快找到受害人商量私了此事，但这位受伤的小哥根本就不接小王的电话……眼看时间仅剩下最后一个小时了，在小王快要绝望的时候，这位受伤的小哥终于肯听电话了。当小王表达了歉意并表明想私下了结此事后，受伤的小哥表示："可以私下了结，不过你要支付我 15 万元的精神损失费及医疗赔偿金。"小王一听到这话，头就蒙了。自己在郑州一年才挣五六万块钱，怎么能一下拿出十几万元呢？小王再三哀求，对方同意再退一步："这样吧，10万元一分都不能少，别的也不用多说，否则你就等着被起诉吧。"对方扔下了一句这样的话，就挂断了电话。这时的小王面临着两难：一是不赔钱接受牢狱之灾；二是支付10万元高额的赔偿费用，私下了结。小王左思右想，各种权衡后无奈选择了私了，最终向自己好心的老板借了10万元才了结此事。

原本小王这10万元的经济负担是可以避免的，但仅仅是由于自己的一时冲动而酿下苦果，相信年轻的小王在以后的日子里再也不会轻易打出自己的第二拳了。冲动是魔鬼，同时也是人生中不可触碰的性格"高压线"，而且人生中所犯下最后悔的事大多与冲动有关。

## 人人后怕的习惯

冲动的人大都是急脾气，话说不到三句就想发火，常常表现得喜怒无常，也不太重视礼貌、礼节，说话不计后果，有时思维比较简单，喜欢直来直去，一般情况下不会主动顾及他人的感受。拥有冲动性格的人很容易误会别人的意思，增加了与人交往时的矛盾，常惹对方不开心，大家纷纷避而远之。

举个例子来说：一位企业老总十几年来对自己的司机，总是换来换去，对哪个都不太满意（开车技术水平除外）。分析问题应出在企业老总冲动的性格上，这位老总明显是对别人的要求标准过高、过严。其实，世界上没有一个人是十全十美的，也没有一个人会让别人完全满意，我们应该学会包容。

冲动性格的做事习惯，见表3-2。

表3-2　　　　　　　　　　冲动性格的做事习惯

| |
|---|
| 1. 做事粗心大意、考虑不周全、不细致。|
| 2. 对他人要求标准过高、过严。|
| 3. 不善于换位思考，不善于体谅他人的难处。|
| 4. 做事草率、鲁莽，很少考虑后果，性格感性。|

## 二、冲动的分类

冲动有两种类型：外冲动和内冲动。外冲动的人脾气暴躁，反应强烈，言语刺耳，对外多展现强硬态度。内冲动的人脾气并不暴躁，但情绪很容易因小事受到波动，心情常常会受到外界影响。我们常说的某人有些"小心眼儿"，就属于内冲动。

以上这两种冲动类型均会不同程度地影响人们的工作、生活以及事业的发展。其实每个人都会有性格冲动的时候，如不加以重视，很有可能酿成恶果。但是，只要能够多了解一下冲动、发脾气对别人的危害之大、对自身事业的影响之大，那么我想大家都会主动寻找抑制或改变冲动的方法和措施，积极寻找冲动之后的弥补方案。我们不妨来看一下这个案例。

● **案例 2**

曾经有个坏脾气的男孩，经常随着自己的性子不管不顾地大发脾气。于是父亲给了他一袋钉子，让他每次发脾气时就在自家院子的篱笆墙上钉上一颗。第一天，男孩就钉了许多钉子，后面的几天，他刻意控制了自己的脾气，这样每天钉的钉子也逐渐减少。慢慢地，他发现控制自己的情绪要比钉钉子容易多了。终于有一天，他一根钉子也没有钉，他非常高兴地把这件事告诉了父亲。

父亲说："从今以后，如果你还能像这样一整天都没有发脾气的话，就可以从篱笆墙上拔掉一颗钉子。"就这样，日子一天天过去，儿子最终把钉子全部拔光了。之后，父亲又将儿子带到了篱笆墙边，说道："儿子，你做得很好，你没有再发脾气而且拔掉了所有的钉子，但是你看看篱笆墙上的钉子眼，这都是永远不能再恢复了。比如你和一个人吵架，说了一些难听的话，这些话就会在他心里永远留下一个伤口，就像这颗钉子眼一样是永远无法抹平的。"儿子明白了父亲的良苦用心，从此改掉了自己爱发脾气的坏毛病。

### 冲动小课堂

父母是孩子最重要的老师，管好自己的孩子是每一个做父母的责任和担当，身为家长再忙也不能忽略了这项工作。发现孩子的问题后父母需要像上面案例中那位父亲一样，要主动并且心平气和地同孩子沟通，让孩子通过实践了解其中的道理，尤其需要注意的是在交流过程中跟孩子的关系一定要讲究平等、和谐，要把孩子当成朋友相处，而不要每天都是一副严父、严母的样子，这样反而会使孩子有逆反心理，不想听你讲所谓的"大道理"。而且行胜于言！父母一定要做好表率，子女才有可能做到、做好。

## 三、冲动是"魔鬼"

在生活和工作中，千万不要因一些琐碎的问题而影响我们的情绪，因为这样不仅会浪费我们的时间，而且容易诱发性格中的冲动"基因"，从而使问题难以调停，最终把问题放大到难以收拾。冲动所带来的问题和麻烦会像魔鬼一样"纠缠"着你，轻者耗费你的宝贵时间和精力，重者就像沙漠里受伤的骆驼，最终将耗尽你"最后一滴血"。

### ● 案例 3

有一匹骆驼在沙漠里连续奔波了几天，又渴又饿，心情特别烦躁。它就对着地上的一小块玻璃碴用力踢了一脚，脚瞬间就被划破流出了鲜血。这时沙漠狼闻到了血腥味就扑了上来，骆驼一看大事不好，忍着疼痛在沙漠里拼命地奔跑。当它好不容易甩掉了沙漠狼的追赶后，浓浓的血腥味又引来了一群沙漠鹰，骆驼又是一阵拼命地逃跑……当幸运地躲避了沙漠鹰的追赶后，骆驼筋疲力尽，再也没有多余的力气奔跑了，于是就一头倒在了沙漠中，这时沙漠中的食肉蚁闻到了血腥味，蜂拥而至，最终蚕食了这头巨大的骆驼。这只骆驼临终前叹道："我干吗冲动地跟这块小小的玻璃碴过不去呢？"……

故事结束了，相信大家都能从骆驼之死的故事中得到不同的启发。其实生活中的一些矛盾和误会，在很多情况下也都是因为这一点点小事引起的。我们会发现，冲动不仅是麻烦的制造者，更是不可忽视的一条性格"高压线"，需要每个人引起足够的重视和警觉。

### 小不忍则乱大谋

诸葛亮六出祁山进驻五丈原与魏国展开交战。司马懿识破诸葛亮的计谋，只是坚守不出。于是，诸葛亮派手下士兵天天骂阵，司马懿仍在营中没有任何出战迹象。诸葛亮为激怒司马懿，取来巾帼、妇人缟素之服，并修书一封，遣人送至魏寨。但司马懿并没有上当，不仅善待使者，还从言谈中套出诸葛亮食少事烦、身体不佳的情报。果然，不久诸葛亮因心力交瘁，一病不起，病逝于五丈原。

通过这段历史，我们可以明显地看出司马懿在整个战局中完全控制住了自己的情绪和脾气，不冲动，不出兵，不应战，不轻举妄动，使自己稳步掌握了战局的绝对主动权，抓住了对手的弱点。面对沉着冷静的司马懿，就连最有智慧的诸葛孔明也只能无计可施、徒然空叹。

### 学会忍"一时之气"

人生中最重要的修行就是要学会"忍"："忍耐""忍让"和"忍受"。学会"忍"是做好工作的重要法宝。还记得1992年，我27岁刚来郑州，跟着大哥跑业务，起初没有经验，遇到了不少困难。我家大哥能力非常强但性格不稳定，爱发脾气（比一般人的发脾气都要吓人），而那时我因为大哥的脾气受了不少的委屈。对于大哥有时莫名其妙的脾气我更多的选择是一忍再忍。其间我也曾经想过万一实在忍不了怎么办。想过自己单干，做些小生意来养家糊口，或是实在不行还回农村老家发展，但这些想法也只是在脑海里一闪而过。毕竟是自己的亲大哥也是最亲近的人，最终我还是忍了过来。针对来郑州的忍耐和委屈程度，我曾说过："1992年，一年内我经受的诸多忍耐和委屈是我这辈子的总和。"这话一点都不夸张。

对此，我很感谢我当年的"隐忍"，这不仅使我在郑州扎了根，也让我的生意越做越大，让我从过去的1个项目做到今天的6个项目，让我的公司从起初的几个员工逐步发展到目前的几百名员工。通过这些年的历练，我先后当选为焦作市人大代表、工商联副主席和武陟县工商联主席……更值得一提的是，这么多年来，我成功解决了家族中几十人的工作和生活问题。认识我的人都说郭荣勋干得不错，是成功人士。仔细回想一下，如果没有当年我的"忍耐"，我和我的家庭以及家族或许不会有今天的幸福生活。

能"忍"一时之气者，绝对会有无尽的收获。那么，"忍"究竟能得到什么呢？

忍者能仁：具备能忍品格的人，才会推己及人，拥有仁慈、仁义、仁爱的能力，从而广施仁义之事。

忍者能认：懂得忍的人，才更有机会认清是非，更懂得分辨真假、认清真相、认真做事，珍惜机会，如此才能对任何事情都能作出正确判断。

忍者能人：会忍的人，才会有好人缘、有人气、有人脉，方可有追随者。

忍者无敌：遇事能忍、会忍的人，常常最大限度地维护了与周围人之间的情感，也不会伤害周围的人。可以说，能忍的人生活中没有敌人，全是朋友。

"忍"是人生最大的修养之一，"忍"的力量也是最大的，所谓忍一口气，风平浪静；反之，任何时候都会上演"小不忍则乱大谋"的"悲剧"。处理一件很平常的事，是"忍"抑或"不忍"，一念之间，结果天壤之别。就拿当前的社会现象来说，很多人在生气的情况下由于难忍一时之气，就使原本小小的口舌之争顷刻间变成了刀刃相对，特别是血气方刚的年轻人更容易犯这种错误，从而招致各种祸端。

对一般人来说，忍寒忍热易，忍饥忍渴也不是难事，忍苦忍怒还算勉强，但能忍一口气的则大为不易，所以我们要重点掌握"忍一口气"的功夫。遥思历代名人典故，吴三桂忍不下妻妾被掳之辱，冲冠一怒为红颜，终为其所累；韩信能受胯下之辱，立志奋发，终能拜将封王；苏秦不齿于父母不以其为子、兄嫂不以其为叔，悬梁刺股，终挂六国相印……忍与不忍，其关系成败大矣。忍，未必就是懦夫的表现；忍，亦可堪为勇者之黄金试炼。一个人只要能"忍住"，不冲动，不逞一时之气，后必可成功。

**用理智战胜冲动**

1998年世界杯上，年轻的贝克汉姆是英格兰队里一颗最为耀眼的新星。他的右脚弧线传球精准且颇具创造性，对对方的威胁非常大；他的直接任意球更是一绝，被媒体称为"与点球一样有威胁"。在关键的八进四的比赛中，英格兰队遭遇到强大的阿根廷队。阿根廷队虽也是人才济济，实力不俗，但比赛中贝克汉姆的表现更加神勇，制造了多次进攻良机。眼看着拿他没有办法，阿根廷队中场球星西蒙尼打起了别的主意。他屡次故意惹怒贝克汉姆，使其犯规，并说些挑衅性的语言，试图激怒他，削减他的战斗力，甚至诱惑他犯规被罚下场。贝克汉姆毕竟太年轻了，他很快就上了对手的圈套，竟然在裁判的眼皮子底下对西蒙尼进行恶意的报复，结果被红牌逐出场外，英格兰队也最终落败。贝克汉姆此举使英国与世界杯失之交臂，被狂热的英格兰球迷声讨了近一年，他本人也后悔不已。

与之形成鲜明对比的是球王马拉多纳，他一向以脾气暴躁闻名于世，有着攻击记者、球场闹事、殴打球迷等种种劣迹。但在1994年的世界杯上，他的不俗表现却让世人刮目相看。小组赛时，对手都对他进行严谨盯防，更有人有意挑衅试图激怒他，但他却一直不为所动。当被拉扯衣襟时，他也会由裁判去判定；被铲倒后爬起来接着比赛，全身心地投入，使他在赛场上的灵魂作用发挥得淋漓尽致，带领全队接连取得了比赛的胜利。若不是后来兴奋剂事件发酵，1994年世界杯冠军究竟花落谁家还是很难说的。

其实在球场上，屡屡被挑衅恰好说明你的球技水平高，对别人的威胁大，保持理智不冲动的心态，你就不会犯错，相反还会让对方失误频频。平常我们一定要认真总结和领悟：遇事冲动的习惯会给自己带来多少麻烦，会因此失去多少朋友和友谊，又会失去多少沟通与合作的机会？如果再因为冲动而犯下弥天大错，试想有多少损失是我们真正能够挽救回来的？所以，遇事一定要学会"三思"，理智、细心地作出正确判断，千万不要草率、冲动行事。

### 不犯"颠覆性"错误

冲动是最大的安全隐患之一。像行车、生产等中的事故，据不完全统计，大约有80%是由一瞬间的冲动而引起的。科学研究结果表明，IQ值大于140的人为天才；一般人IQ值区间为90～110；IQ值低于70的表示智力存在问题。但是人在冲动时智商基本为0。如果是这样的话，试想一个人如果每天都要冲动几次的话，其智商要归0几次。在这样的条件下，人又怎么可能作出正确判断呢？又如何能够取得成功呢？因此，对于任何人来说，理智才是作出正确判断的基础，才能让我们少做后悔之事。作为一名企业家，做事更要理智、理性，因为企业运营中的任何一件事都绝非小事，都需要你运筹帷幄，作出正确判断。我通过学习传统文化、结合自身多年工作经历总结得出，一个人最大的能力或者说排在第一的能力就是正确判断能力。

切记：所有的正确判断都必须在理智的前提下，不理智是正确判断的"天敌"。

为了不犯颠覆性错误，我特意总结了做企业的七件事，简称"三大三小一重要"。这不仅是我二十多年来经营企业的法宝，更是为人处世的不二法门。

其中，"三大"指的是**经营企业的三件大事：分别是战略、人才和制度。**

第一件大事是"企业战略"：即企业发展的方向和目标，方向错了是绝对无法达到目标的。战略需要的是"将军赶路，不打野兔"的情怀，这是企业发展的头等大事。战略的"战"是干，"略"是省略，是不干，所以战略干什么重要，不干什么同样重要。这里不多赘述。

第二件大事就是"人才"：对任何组织而言，人才一定是为其"造血"的关键性因素，是团队的"将"，不可或缺。企业家找到再好的新项目若不符合自己的战略就不能干，若没有合适的"将才"去负责新项目更不能干。

第三件大事就是"制度"：人管人累死人，制度管人则会变得很轻松。任何组织若没有合理的制度是不可能发展壮大的。举个简单例子：多劳多得、干好干坏不一样的制度就是合理的，相反就是不合理的。企业规章制度具有复杂性，关键的是要合理。

"三小"即经营企业的三件小事。

**一是把员工当亲人。** 要像关心自家人一样去关心员工，让其开心的工作。

**二是重视员工利益。** 让员工的付出得到回报。

**三是用正确思想引导员工。** 老板一定要懂得用正确的思想教育、引导员工，最终让员工学到能力和本领。

"一重要"即"一件重要的事"，就是老板不犯"颠覆性"的错误。

其实很多企业的亏损或爆雷，不是因为产品本身没利润，不是产品不好，也不是败给了市场竞争激烈，很多情况是由于老板不良的性格习惯所致，盲目地做投资或为他人担保，盲目地向银行借贷资金等，各项计划不合理，最终导致流动资金出现短缺、资金链断裂等，使企业无法正常运转。这就是做企业所犯的"颠覆性"错误。

提起不犯"颠覆性"错误，经营企业几十余年，我曾这样评价自己，我最大的优点是"稳"，最大的缺点是"太稳"。仁者见仁，智者见智，从我个人的角度分析做企业"稳"是对的，只有稳才能稳定，只有各方稳定才能稳健发展。国家发展需要稳，性格脾气需要稳，一个人的能力发挥需要稳，任何机械设备运转都需要稳。学会了"稳"字当头，做事才不易犯"颠覆性"错误。

### 案例 4

以前我曾认识一个做电缆生意的老板，其企业也有几个亿的销售规模,其实这个行业本身没有什么过高的科技含量,投资门槛也不高,产品利润率很低。这家企业本就资金不宽裕,在借了不少高利贷的情况下,企业老板又犯下了一个"颠覆性"错误:为了所谓的排场,他竟然在工厂建起了一栋六层高的大楼。建大楼投资金额少说也要在千万元以上。可惜大楼还没竣工,就因资金严重短缺使得工厂在万般无奈的情况下停产。最后在银行抽贷和高利贷的双重夹击之下,企业破产,这位老板锒铛入狱……

好好的一家企业在短短几天的时间内就不复存在了。其原因是什么呢?在明知资金不宽裕的情况下又盲目建筑大楼,所有苦果的酿造归根结底在于那位老板所犯的"颠覆性"错误。而老板犯下"颠覆性"错误的主要原因则是他冲动的性格特点。一般来说,容易冲动的人更容易犯此类错误。

### 降低要求别人的标准

生活中,使人容易冲动的主要原因就是要求别人的标准太高,总想着自己能做好的事,别人同样能做好、应该做好。要知道一个人的能力跟多方面的因素有关,比如年龄、文化程度、家庭教育、生活环境、身体状况、智商、情商、机会、机遇等。一个情商高的领导者善于知人善任,能够用人之长容其所短,而不是用一个标准去要求一群人,更不是用自己的标准去要求别人。这就是领导艺术。

有冲动习惯的人同时会伴有性格上的傲气,这样的人一般能力很强,IQ值也很高,但总是习惯拿自身条件和标准与别人相比,去要求别人,一旦对别人做事的结果不满意就很容易产生不良情绪,发脾气,从而让彼此产生不愉快感,甚至引发矛盾。那么,如何调整冲动呢?方法见表3-3。

| 表3-3 | 调整冲动的方法 |
| --- | --- |
| 1. 降低要求别人的标准,学会换位思考。 | |
| 2. 学会宽容,学会忍耐。 | |
| 3. 充分认识冲动是一条性格"高压线",对自己危害巨大。 | |

2017年的11月9日,我有幸聆听了中国建材集团董事长宋志平老师的授课,课题为"穿越迷思做企业"。宋老师是国内赫赫有名的央企掌舵人,是前所未有的一人掌控两家世界500强企业的董事长。他在短短的十几年间亲手将两家企业推向了世界500强的宝座。在他几天的授课中,这几句话一直在我脑海中久久不能忘怀:"我在企业的几十年里,从来没跟同事红过脸、发过脾气,在收购别的企业时,我从来不用收购和兼并这些词,我都用联合重组来代替收购和兼并。"谦虚、低调、善解人意、从不冲动、还处处考虑别人的心情和感受……通过聆听宋志平董事长关于做企业的分享,我对他的崇敬之情油然而生。宋志平董事长做企业的成功,以及他做人的成功,当源自于他对性格出色的把控力。

"世无完人,为君必缺,此乃美也",这就是一种社会现象。听着宋老师的课我在想,自己的情况也有很多地方与老师相似,在公司里我也很少跟同事红过脸,也从未对员工发过脾气。其实,无论是宋志平老师,还是国内其他优秀的企业家,在工作中,能不发脾气,不与同事红脸;在生活中,能够遇事不怒,坦然处之,其主要原因就是懂得忍耐,懂得相互理解,懂得换位思考,更主要的是懂得降低要求别人的标准。

可以说,我们公司能成功运行并走到今天,与我这方面的性格习惯是有着必然关系的。在工作中,面对员工做的一些未能达到满意结果的事情,我不会过于冲动地责备他们,我会尽可能降低对他们的要求,同时也会考虑到他们的年龄、阅历、经验还都不全面,需要给时间慢慢提高。事实上,我们也是从这个年龄段走过来,一步步成长到今天的。

但这里所说的降低要求别人的标准,并不是没有底线、没有原则的,做企业想要正常运转重要的是要拥有一整套正规化、行之有效的管理制度作为基本保障。

**凡事多往好处想**

生活中你会遇到各种各样、纷繁复杂的事情,如果凡事都往坏处想,你将会很容易陷入一个悲观的世界。例如,你上班看到同事的脸色不好看,你就觉得:"他/她是不是针对我啊?我怎么得罪他/她了?"如果每天都如此的话，岂不是做人很辛苦？所以，生活中凡事要往好处想，不要总是让自己背负得过多。其实，我们完全可以换个想法去看待问题，比如遇到同事脸色难看时，可以想他/她今天是不是遇到了什么不好的事情导致心情不好，等等。总而言之，凡事多往好处想，生活才会变得轻松。凡事多往好处想已是成功做事的必备技能。中国人都信"因果"，种什么因就得什么果，这也是我国传统文化的精髓所在，遇事自己先往好处想，接下来别人也会往好处想，双方都往好处想，做事岂不美哉？否则，人人猜忌，八方树敌，事事难办。

从前，有两个秀才一起进京赶考，路上遇到了一支出殡的队伍。两个人都看到那一口黑乎乎的棺材从自己眼前经过，其中一个秀才心里立即"咯噔"一下凉了半截，他想："完了，真触霉头，赶考的日子居然碰到这个倒霉的棺材。"于是，心情一落千丈，走进考场后，那个"黑乎乎的棺材"所呈现的影像一直在他的脑海中挥之不去，结果文思枯竭，名落孙山。而另一个秀才同样也看到了这个棺材，一开始心里也"咯噔"了一下，但转念一想："棺材，棺材，噢！那岂不就是升'官'又发'财'吗？好，好兆头！看来今年我要红运当头了，一定能高中。"于是，他越想心里就越兴奋，情绪高涨，当他走进考场后，文思如泉涌，一举高中。面对同一个棺材，两个秀才产生了不同的情绪和不同的想法，进而得出两种不同的结果。由此可见，养成凡事多往好处想的习惯对一个人的影响是多么巨大。

情绪是一个极其复杂的心理过程，它既是人心理活动中动力机制的重要组成部分，也是影响一个人性格形成的重要因素，它是人对客观事物的态度体验以及相应的行为反应。在人际关系中，人与人的交流会有很多不自觉的情绪表达，如果能够准确地感知自己的情绪，理解对方的情绪，彼此之间进行有效沟通，这对于建立良好的社交关系是有很大帮助的。其实，人在社会中难免会碰到这样或那样不如意的事情，我们要学会多多排解不良情绪，养成遇事多往好处想的好习惯，才能让我们不犯错或少犯错。

中原是中国传统文化的发源地，在这里产生了很多智慧的结晶，比如在我省豫东地区有这样一句俗语："傻有福，娘娘命。"这句话就是形容一个忠诚憨厚的人，虽相比别人能力一般，但运气却很好且有福气，好像拥有了宫里娘娘的运气一样能够衣食无忧。为什么说她"傻"反倒有福，还有娘娘命呢？直到后来我才悟到一些道理，就是这些所谓有福的"傻人"遇事不会瞎琢磨，脾气好，人缘好，凡事总往好处想，总是懂得谦让他人、理解别人，能够不计报酬地帮助别人，从不猜忌别人，更不会对谁都有情绪、与人争吵。这种秉性反倒是生活中的"大智慧"。那些能言善辩，遇事反应灵敏，个性能力相对较强的人，反倒是逞了一时之强，终不受大家所拥戴。

所以，今为大家送上让我受益一生的两句话："**凡事多往好处想，你会很轻松很幸福。**""**遇事先从自身找原因，生活会变得很简单。**"

### 别给身边的人造成压力

一个爱发脾气的领导通常会给身边的人造成压力，压力会使人思维混乱，变得愚蠢，从而失去创造力。大家可以试想一下，如果员工敲老板的门时都是战战兢兢的，这位员工今天还能做好工作吗？他还会有创造力吗？答案很明显，不但不会，还会影响彼此情感以及团队凝聚力，特别是当今的90后和00后员工，面对如此的压力，跳槽的概率会更大。另外，爱发脾气不仅会给身边的人带来"低气压"，还容易产生"踢猫效应"，造成大家都不想看到的不良后果。

一位总经理向全体员工宣布，从明天起谁也不许迟到，自己也会以身作则。但是到了第二天，总经理睡过了头，一起床就晚了，他十分沮丧，开车拼命奔向公司，连闯两次红灯，驾照被扣。当他气喘吁吁地赶到自己的办公室时，正巧营销经理来了，总经理问他："昨天那批货物是否发出去了？"营销经理回答："还没来得及，今天马上发。"这下可激怒了这位经理，他一拍桌子，严厉训斥了营销经理。营销经理满肚子不愉快地回到了自己的办公室，正巧此时秘书进来了，他就问秘书："昨天那份文件打印完了吗？"秘书说："还没来得及，今天马上打。"营销经理终于找到了出气的借口，严厉训斥了秘书。秘书忍气吞声一直到下班，回到家里，发现孩子躺在沙发上看电视，大骂孩子为什么不去看书写作业，孩子带着极大的不高兴来到自己的房间，发现猫竟然趴在自己的地毯上，他把猫狠狠地踢了一脚……这就是坏情绪所引起的"踢猫效应"。其实许多事情在发生之初危害程度都是极其微小的，随着情绪的不受控制，事态会不断发生恶化，最后演变成不可估量的恶果。

现实社会中，我们每个人恐怕都有过类似的经历，在单位遇见不顺心的事，回家就拿家人出气；在家同家人发生了不愉快，随即再把家里的东西乱砸一通；第二天恶性循环，又把这种不愉快带到了工作中，影响工作的正常进行。甚至可能在路上碰到了陌生人，因为一点小小的摩擦，就同别人发生口角、大打出手……而且有时自己的心情不好，还会通过难看的脸色表现出来，在这样的情况下，同样也会影响身边其他同事的心情。

因此，在工作和生活中我们应该多掌握一些修身的方法和技巧，学会理解和包容，学会换位思考，管好自己的脾气，少给身边的人带来压力，少给下属、同事带来压抑感，少给大家带来不愉快。如果我们在日常中多一些平等与尊重，少发脾气甚至不发脾气，相信大家的相处会越来越愉快，工作、生活也会越来越顺利。

### 是好是坏还不知道呢

要坚信：生活中有很多事，是好是坏还不知道呢。

塞翁失马，焉知非福。有些事，你今天满意，可明天也许就不一定满意。有些人一件事办得漂亮，就会手舞足蹈，非常开心，若事办得不漂亮就会异常沮丧。其实大可不必，要记住"是好是坏还不知道呢"，**困惑可解不必烦恼，困惑无解烦恼无用**，这才是生活的铁律。

1992年之前，我在农村老家办了个皮鞋厂，也有了一些积蓄，就计划着给家里盖几间楼房，打算扎根农村好好发展，更没想过要去郑州发展。当时家里虽然钱不多但已是全村为数不多的"有钱人"了。可是1990年发生的一件事，算是把我所有的计划都打乱了。那年冬天，一位姓陈的朋友到我家告诉我说："我能帮你卖掉家里积压的皮鞋。"我当时年轻,就草率地答应了,还把全家老少多年辛苦积攒的全部家底交给了他。但他最终并没有把卖皮鞋的钱给我,我奋斗近10年,所有的积蓄都被他骗走了。1992年,万般无奈之下我投奔了在郑州创业的大哥。我和父亲还经常回忆,如果当年不是那位陈姓骗子,我真的不会来郑州发展。回想当年被骗的痛苦情景,再想想目前郑州发展的这一切,无论是企业的规模、实力还是未来的发展前景,感觉被骗这事好似上苍特意安排,也许一切都是最好的安排。其实很多人经历过,有些事现在是坏事,等过几年却变成了好事;有些事现在觉得是好事,但过几年说不定就变成了坏事。请记住这句话:"是好是坏还不知道呢。"所以,一定不要过早地给自己下定论,无论我们工作中遇到高兴或不高兴的事都要学会控制好自己的情绪,遇事学会冷静、理智,争做情绪的主人,不做情绪的奴隶。

## 四、让"魔鬼"离开

一说起有脾气或大脾气的人,大家都习以为常地认为是遗传了自己父母的基因,不好改变。但如果说脾气大属于性格冲动,是一条性格的"高压线",能让自己一生的事业"大事化小,小事化了",那么我们就再没有理由置之不理、不去重视、不去改变了。有人说冲动是能力不足的表现,我很认同这个观点,同时我认为冲动也是不讲道理的表现,也是胸怀格局小的表现。因为冲动是由于情商不够、沟通能力不足所导致的,一个人学会有话好好说、慢慢说,就不会轻易发脾气。如果你是一个有胸怀的人,又怎会容不下一点小事呢?如果你是一个注重讲道理的人,又怎会轻易的对他人大发雷霆?沟通的目的是为了解决问题,沟通时为什么不采取文明、礼貌、平等的方式呢?

2015年,司机小唐对我说:"听完郭总的《性格与修身》之后,每月至少和媳妇少吵两次架,少打孩子两次。"原因是他听过多次《性格与修身》,真正了解了冲动的危害,知道冲动是性格的"高压线",是一种"病魔",如果能早些改变就能尽早受益。还有些女员工听了《性格与修身》之后,和家里婆婆的关系更融洽了,甚至还有两三年都没跟婆婆拌过嘴、红过脸的……这正是《性格与修身》的真正魅力所在,它用一个个实际的案例,告诫大家冲动是"魔鬼",是千万不能传授给下一代的"毒瘤"。父母是孩子的第一任老师,如果不能改变性格冲动的习惯,迟早会将这个"魔鬼"传给自己的子女,所以我们一定要让冲动这个"魔鬼"离开。

## 五、性格的牢笼

思想决定行动,行动决定习惯,习惯决定性格,性格决定命运。一个人能养成良好的习惯和性格尤其重要。**一个人上半辈子能养成一个好习惯,下半辈子就一定有个好前程**。但是,通常情况下也许我们会挣钱去买大一点的房子、买质量好一点的家具,会天天打扫卫生,营造好的物质环境……可是很少会有人愿意花点时间来"洗涤"一下自我的心境与性格。

对一个生活和事业经受挫折的人来说,如果非要用几个字来形容他的缺点或者是受挫的原因,那一定是这六个字——"傲气、固执、冲动"。俗话说:"成也萧何,败也萧何",我想说的是,人生成也"三条高压线",败也"三条高压线",因为傲气和自信、固执和坚持、冲动和胆识都是共生的,所以我们平常一定要把握好这个度。工作中我们的性格向前"迈一步"就是人人羡慕的水平高、能力强,就会事业成功,可"迈两步"就会触碰性格"高压线",就有可能造成一事无成,而想要在其中收放自如,就完全依靠自己的个人修炼和性格控制能力。

都是同门兄弟,为什么人到中年一个能事事顺利、总有贵人相助,而另一个却恰恰相反。到底为什么?差别就在于二人身上是否有傲气、固执、冲动的"高压线"。有这样一个规律:一般性格傲气的人往往都比较爱冲动,性格冲动的人也同样有傲气的"高压线",同时,傲气和冲动的人身上也都会存在固执的性格特征。对《性格与修身》的研究让我找出了人生道路不顺利的原因,甚至找出了导致事业失败的真正根源。

从古至今，多少历史名人、文臣武将因自己的性格"高压线"而身败名裂，甚至被灭九族；又有多少企业老板和高管因自身性格"高压线"而提前"泪洒舞台"，结束事业征程。中国的企业平均"年龄"还不到3岁，失败原因虽多种多样，但因老板性格原因失利的案例不胜枚举。其实，中国企业"富不过三代"的魔咒归根结底性格"三条高压线"是主因。"傲气"会让你失去"广阔的市场"，"固执"会让你变得封闭、自大，"冲动"会让你不断招惹麻烦、失去"阵营"（当然还有其他的原因，在后面的"八项注意"中我们就能找到答案）。

我常举这样一个例子，能进入名校的学生，入学成绩都基本相同，有着相同的教师资源，共享同样的教学条件，为什么当他们毕业走入社会十几年之后，同学们之间的命运却发生了翻天覆地的变化？有的当了大老板，有的却还在为生计四处奔波。其实使同学之间存在差别的最大原因还是性格，而不良的结果都是由于性格的"三条高压线"引起的。因为那些谦虚、自信、有胆识、执行力强、会沟通、能变通的人，一旦遇到机会就会快速地发展起来；而那些既傲气又有脾气还固执、不会沟通的人，会丧失很多发展机会。

所以，成功＝性格＋努力。

## 六、"三条高压线"总结篇

### 人生之不如意多缘于性格"三条高压线"

《性格与修身》对性格的研究不同于其他性格研究成果，它总结了影响一个人性格的三大主要因素，并通过进一步对傲气、固执、冲动的认真分析，从而解析了"三条高压线"之间的关系。傲气、固执、冲动，并不是独立存在的个体，一般来说，拥有其中一条性格"高压线"的人，同时也会不同程度地存在另外两条性格"高压线"，三者之间是"相依相伴"的。严格地说，性格"三条高压线"人人都有，只是轻重不同罢了。

所以为什么很多人都会有"做人很难"的感慨？因为难就难在会时不时地碰触性格"高压线"。性格"高压线"既不能"有"也不能"缺"，既不能过高也不能过低，例如，如果一个人过于自信，一定会被他人视为"傲气"，但如果没一点"傲气"的人也一定是缺乏自信的；有时候"固执"在一定程度上也会被称为坚持，如果你没有坚持不懈的态度及执着的精神，那么做事情就会失去持之以恒的信念；一个做事有胆识、有勇气的人，也离不开些许冲动性格的影响……所以，对于性格"高压线"我们一定要把握好其中的"度"，这里所谓的"度"就是让周围的人感到舒服的意思。让别人舒服了，你的"傲气"就会被别人说成是"自信"。同样你成功了，就有人把性格的"三条高压线"说成是你的"自信、执着、勇敢"；相反，如果你失败了，则会有人说这是你的"傲气、固执、冲动"造成的。所以，我们既要认真修炼自己的性格，还要让性格达到最佳状态。

古人云："修身、齐家、治国、平天下。"我用《性格与修身》把它翻译为：管住自己的脾气才能管住自己，管住自己才能管好家，能管好家的人才能管好一个企业，能管好一个企业的人才能具备做大事的能力。谁能管好自己的脾气，管住自己的性格"三条高压线"，还能用好这"三条高压线"，谁就具备一个好的性格和幸运的人生。

**为性格插上飞翔的羽翼**

很多企业家都说，《**性格与修身**》是发现人才的望远镜。《**性格与修身**》能帮助我们了解一个人的性格特点，了解一个人的脾气，让我们依照性格来判断他的行为习惯，从而判断他的领导力和亲和力。同时，还提醒我们怎样与有性格"高压线"的人相处，怎样最大限度地发挥他的性格优势，怎样不让有性格"高压线"的人影响工作。

我公司的员工是《性格与修身》的最大受益者，新员工入职要在学习后的两天内写出感想。由于我们从招聘到培养再到最后的任用，都是按照《性格与修身》的标准来选拔的，所选出的人才都是相对没有性格

"高压线"的，特别是对于各部门的领导干部更是严格依照此标准来要求。我们的经验是，有性格"高压线"的人即使能力强，最好不要带团队，因为这样的领导既不擅长沟通也不会赞美下属，更不习惯跟领导及时汇报工作；而相对没有性格"高压线"的人，即使能力一般，我们也会去耐心培养。实践证明这套"用人理论"是正确的。比如，公司培养、选拔和任用的集团CEO兼总裁孔攀红女士，她年仅32岁，就能够带领300多名员工；我公司几个项目的负责人都才30岁出头。这一切完全证明了公司在选人用人方面是成功的，更显示了《性格与修身》的魅力所在。

记得在2012年，公司有一个26岁的销售经理带队去石家庄拜访客户。晚上约定请客招待客户，当那位年近不惑的客户来到约定的酒店，推门一看，发现接待他的竟是几个20出头的年轻人，心想和他们没啥聊的，争取早点结束。后来客户发现这位销售经理虽然年轻但在企业管理、发展理念以及企业文化方面都有着独到的认知和见解，不知不觉中竟谈到了夜里11点多。后来，这位客户每每同我聊起此事都非常叹服。其实我们这位年轻的经理正是按照《性格与修身》的标准选拔和培养出来的。事实证明，通过《性格与修身》所选拔出的人才都会被大家所认可的。

性格决定命运。既然性格这么重要，我们就应该多花点时间去研究它，让自己的性格变得受人喜欢和尊敬。而傲气、固执、冲动是最影响性格的"高压线"，今天我们认识了它，了解了它的严重危害，我相信人人都会把其降至最低，将危害范围控制到最小，从而磨炼出一个受人喜欢、受人羡慕的性格，让好的性格来决定自己未来的命运。

### 打造商场"强狮"

柳传志曾经说过做企业的"九字真经"，即"定战略，搭班子，带团队"。做企业定战略就是定发展的目标，这是做企业的第一要务。如果目标方向错了，就是南辕北辙，越努力离成功越远，方向对了再慢也是在前进。搭班子就是组建好组织架构，选好企业的人才，并把架构里的人才配好班子，让其相互好好配合并发挥作用。带团队就是要有一个好的"领头羊"使团队充满凝聚力。这里的"九字真经"有六个字所谈的问题都是选拔人才，也就是说如果没有合适的人才就搭不好班子，没有合适的人才就不可能带好团队，也就不可能形成团队，更不可能打造一支商场"雄狮"。

一天，有位朋友找到我说："郭总，我的企业里有一名员工能力很强，销售业绩也很好，我想提拔他当经理，让他带团队。"我同他说一定要多多关注这名员工的性格，结果过了没多久朋友就任命这名员工为公司销售部的经理，负责日常销售和管理工作。但是后来，这位朋友发现在任命那名员工为经理的几个月里，有很多员工消极怠工，出现无故离职的现象，还不断有人找老板反馈该经理说话态度不好等问题；还有几个员工不愿和他沟通、汇报工作，闹得那段时间大家都很别扭，严重影响了公司业绩。结果这个经理上任不到半年就被换掉了……我的朋友这才明白了我让他多关注"性格"的原因。

也许大家都会很好奇，这位经理能力很强，但为什么不能带好团队？原因就是这位经理有性格"三条高压线"，根本不适合带团队，只适合自己做。他傲气的性格决定了他在当经理之后，说话不会顾及大家的感受，觉得大家都不如他，从来不会表扬和赞美别人，而且要求大家的标准很高。他有时会很固执地坚持自己的意见，让大家觉得很难与其沟通。不用问，傲气的人有时还爱冲动，他会时不时地对大家耍态度、发脾气，这就是他能力虽强但带不了团队的原因。

**不为人知的"内幕"**

人与人之间为什么有差别？是命运造成的吗？其实命运是由性格决定的。我们都处在同一起跑线上，尤其人到中年，细心观察周边的人和事，你会发现命运都是掌握在自己手里。

2015年，公司上了一个新项目，金先生经人介绍来车间当车间主任，他的技术的确很高，干活很卖力，人品也非常好，起初大家对他都很满意。但他是个有脾气、不善沟通的人，我和他交流过几次，也提醒过他，然而听说他的改变还不是很明显，期间也有不少人向公司反映这件事情。当时我对他的领导能力产生了怀疑，感觉他不是我们长期要培养的人，为这事我几次开会重点提及过。因为他是有"高压线"的人，又是四十多岁的年龄，一时半会儿很难改变。其间，我还特意安排主管领导与其多次谈话，让他多注意沟通方式，说话别带情绪，有话好好说，工作靠的是团队而不仅仅是某一个人，能带好这个团队，将来你的收入是不会低的。

就这样干了有一年多的时间，我发现他还是经常跟其他同事闹别扭，话难听、事难办，有时跟领导说话也不讲究方式方法，更为出格的事儿是：要过年了，集团年会和分红大会刚刚结束，大家兴致勃勃地准备去聚餐……此时，他打电话向公司总裁抱怨，嫌年底发的奖金少，而且当天的年终聚餐也没参加，这让大家觉得很是扫兴。当然，第二年公司领导的第一要务就是为这个车间更换车间主任。金先生辞职后公司又新聘用了一个车间主任，这位新换的车间主任，在本年度不到10个月的时间，收入达到22万元。后来听说那位辞职的主任去了别的工厂。我算过这样一笔账：他离开我们公司起码每年少收入近16万元，10年就少收入160万元，也可能10年内就相差200多万元。

这就是性格决定命运，脾气决定收入的现实案例。想想看，拥有同样技术能力的两个车间领导，年龄相仿，只是因为性格之差导致年收入相差近20万左右，真的让人感到不可思议。同时也为金主任感到惋惜。

可见，性格对每个人的人生和事业有多么重要。人到中年有些人事事顺利，能得到贵人相助，事业有成；反之，有些人却事业不顺，怀才不遇，总是说自己命不好。其实，真正不为人知的原因是性格因素。如果把影响性格的真正原因总结成几个字来表达的话，它一定是"傲气、固执和冲动"。

### 让我们告别失误

"三个臭皮匠（裨将）顶一个诸葛亮"，大意是几个人的智慧加在一起将会很强大，平时我们遇事一定要多沟通、多商量，找出合理的正确方案。

针对很多年轻人经验少、为人感性、容易冲动、考虑问题简单、容易失误等问题，我着重从《性格与修身》之固执的角度进行解析，建议这类人做到"小事一半听人言""大事任人拿主见""要事多听成功言"。

有这样一名员工，在一家企业工作多年，收入虽然不高但在郑州按揭买套房子还是能买得起的。早在2009年房价5000元/平方米时，好多人给他建议要先买套房子。可他固执地就是不听，一意孤行买了一辆车。结果郑州今天的房价已超过20000元/平方米，本来可以100万元买的房子今天要支付400万元，而几年前买的汽车现在也基本不值钱了。他就是没有做到"大事任人拿主见"。

人之所以成功是一定有方法的，之所以失败一定也是有原因的。无论做任何事都要学会总结，总结什么？总结做事成功的规律。只要按规律去办事，人人都可以减少各种各样的失误。做事一定不能固执，要认真总结和运用这三句话。这三句话是我们特别是年轻人减少失误的"法宝"。

### 人才的标准

人才的标准是什么？国内水泥行业资深专家谢克平教授在参观完我的工厂后提出了不少建议，我摘录一小段分享给大家。

什么样的人能称为"人才"？似乎还未见到哪个标准化委员会颁布过任何的标准加以界定，但在谈论一项事业、一个单位、一个企业要想使某项工作有所成就时，都会讲到"人才"的不可或缺。字典中对"人才"的解释是："有品德有才能的人，或是有某种特长的人。"如果再深究一下，什么才算有品德，什么叫作有才能？还需要有定性描述。有人说被评为先进劳模，就算有品德；晋升为高工、教授，甚至院士，就算有才能；那么，没有评上劳模或职称的人，就没有品德和才能了吗？就不是人才了吗？是否有某种特长，还较容易定性：别人不具备的技艺，他有；别人干不了的事，他能，就应当认为是人才。他们比评上各种头衔的人，在品德或才能上，并不相差半分毫，而且他们甘为"人梯"或耐得住"寂寞"，能与世无争。

在企业生产中会面临各种需要解决的技术问题，但解决问题的人不一定是劳模，也不一定是高级工程师，换言之，劳模与工程师并不是什么事都能解决，也不一定能统称为人才。因此，一位民营企业家，经过他的揣摩，坚定地立起这样一个人才标准，"能解决问题的人就是人才"。他如梦初醒般地大声疾呼，并悬挂大幅标语，旗帜鲜明地鼓励、重奖能解决问题的人。这是在向世俗宣战，不管你曾获得过什么动听的头衔，只有在解决生产问题之后，我才承认你是人才！尤其在当今中国，谁知道你是怎么评上那些头衔的？

应该说，这个标准立得好，至少人才要经得起实践检验，才算有资格。但这难道就是界定人才无可争议的标准了吗？对此概念，就没有需要揭开且并不神秘的面纱吗？……

看完谢老师的邮件，我激动地向谢老师汇报了作为一名普通企业人对人才标准的认识。当然我的观点来源于做企业的经验和认识，更多观点也是来源于《性格与修身》。以下是我的回件：

谢老师您好！

您谈到的人才标准和人才定位是每个企业想弄懂还没弄懂的话题。这个问题您提得非常好，恰巧我一直在研究人的性格特点以及性格给人带来的影响。

今天我对人才标准有个个人认识上的浅显作答。想到**人才标准有三点是最重要的，即人品、能力和稳定发挥**。

人品：好的品德和思想，大公无私，懂得考虑别人；处处能为别人着想，说话讲道理，有自己的人生观和价值观，有一定的胸怀和担当，等等。

能力：能想别人想不到的，能做别人做不成的，能够发现问题、解决问题都称为有能力。

稳定发挥：这一点很重要，不是每个人都能做到的。一个人再有能力，总不能今天办成事而明天办不成，今天让人很舒服明天惹人不高兴。有能力而不能稳定地发挥，这不叫人才，我称之为"偏才"！比如，雍正时期的年大将军能力不强吗？最终还是被满门抄斩。如今每个企业里都有不少这样能力不弱但始终不能稳定发挥自己水平的员工，从而也无法得到企业的重用。

回复过谢老师之后，我也为此总结了**影响一个人能力正常发挥的四大因素：一是"过山车"般的情绪；二是管不住的脾气；三是糟糕的习惯；四是肆无忌惮的性格。**

这四个因素都与性格的"三条高压线"有关……古往今来，大部分问题都会有标准的答案，但是关于"人才"及"人才标准"的定义，又能有多少人可以讲清楚呢？通过以上与谢教授关于人才的对答，希望是抛砖引玉，为大家带来些思考。

## 管住自己

人生最难管的不是别人而是自己，自己最难管的就是脾气。都说五十而知天命，在经历过半百风霜后，如今的我开始不断地去总结身边所认识的人的特点，一般来说，能管好自己的人，事业、家庭常常会受人羡慕。古人由"己"推"家"再至"国"而后"平天下"，讲究的是一个循序渐进的过程。时至今日，如何能做到家庭幸福、事业有成、社会认可？我认为最重要的就是要先管住自己，管住自己的性格、脾气。相信能管好自己的人才能管好家，家管好了才有可能管好一个企业，能管好一个企业的人才能具备治国和平天下的能力。

随着社会经济的快速发展，我们赶上了好的发展机遇，每个人都有平等的发展平台，为此，我们更应该认真总结一下他人成功的原因，多向他人寻求成功的经验。有人说"成功有方法，失败有原因"，相信通过《性格与修身》这个"望远镜"，我们都能将这些"方法""原因"看得清清楚楚。

三国时期，才子孔融因管不住自己的"嘴"而被曹操斩首。关羽图一时之快，刘备和张飞又鲁莽决定，使得蜀国提早陷入被动……这样的案例不胜枚举。今天的我们因为"管不住"自己而养成不好的习惯，轻者影响身体健康，重者影响自己的家庭和事业发展。

2006年世界杯，法国和意大利决赛进入加时赛，齐达内的命运走向在第110分钟突然改变，他用头撞向了意大利后卫马特拉奇的胸口，后者应声倒地。阿根廷主裁判埃利松多在与助理裁判交流后，向齐达内掏出了红牌，没有人能料到这样的结局，一代"大师"就这样提前结束了自己的职业生涯。齐达内默默地走下场地，一个人去了更衣室，大力神杯就摆放在通道口的桌上，齐达内从旁边低头走过，没有看一眼。在第110分钟到底发生了什么？人们只能在一遍又一遍的录像中试图寻找答案。当时法国队的进攻被化解，齐达内和马特拉奇都在向回走，一切看上去没有异常。突然，齐达内变得异常冲动，转过身来走向身后的马特拉奇，紧接着就是让全世界人目瞪口呆的一幕，齐达内低下头，一头撞在了马特拉奇的胸口，将这个1.93米的大个子顶翻在地。齐达内怎么了？他为什么如此愤怒?!

我想不管齐达内怎么了，但最终结果就是齐达内没有管住自己的脾气，酿成了他一生最大的悲哀，也是齐达内全世界球迷的最大遗憾。一代足球巨星聪明一世，却糊涂一时，实在为此痛惜。所以，管住自己不是件小事。不管你做多大的官，管不住自己的脾气终究是要吃亏的。不管你的企业做得再大，若管不住自己的性格，早晚也是要出问题的，作为销售人员，如果整天"喜怒无常"，是没有客户认可的，销售业绩是可想而知的；只有养成一个善于控制情绪的好习惯，能跟任何人愉快地沟通和交流，最终才能得到大多数人的认可和敬佩。

# 章节四 "八项注意"之赞美

## 一、修身的"八项注意"

中华五千年文明发展史，是一个不断发现规律、总结规律、应用规律的过程。其实为人处世包括经营企业都是有一定方法和技巧的，这里的方法和技巧也可称之为"规律"。规律常在，关键看掌握后谁能坚持使用了。多年实践经验告诉我，谁按照"八项注意"的要求去做，谁就真正掌握了为人处世的方法和技巧，也就掌握了为人处世的规律。除此之外，"八项注意"还是调节性格"三条高压"的良方，就是说如果一个人"八项注意"做得好，其性格"三条高压"就会变"低压"，身上的傲气、固执、冲动就会得到身边人的理解和原谅，性格"高压"的危害就会降至最低。

"八项注意"撰述内容是在大量调查研究的基础上，对家庭、事业、人生、性格习惯的进一步领悟与升华，可谓做人、修身之法宝。经常被领导训斥，被家人嫌弃，被各种矛盾折磨……究竟我们怎么做才能获得别人的认可和喜欢呢？

其实答案很简单，只要做好"八项注意"，你就能成为一个深受大家欢迎的人，甚至还有可能成为受人尊敬、崇拜的人。在本书接下来的章节中，我将为大家详细讲解做人、修身的"八项注意"，以及它们各自所占比重。其中，"32、25、14、11、9、5、2、2"这组数据是"八项注意"重要的"修身密码"，它用数字化的方法考量了修身养性及做人的重要性。

经营企业二十多年来，我无疑是《性格与修身》的最大受益者，大家称《性格与修身》是全局销售大法，其中"八项注意"为公司各项业绩的取得立下了赫赫"战功"。近年来，公司培养出一批又一批的优秀管理人才，他们不仅有亲和力、懂得沟通和忍让，并且正在各个岗位上发挥着极为重要的作用。下面我将依次为大家揭开《性格与修身》"八项注意"的神秘面纱。

## 二、"八项注意"之赞美

### 关于赞美

**赞美是最珍贵的奖励**，是用自己的心灵之火点燃别人的心灵之火。马克·吐温曾说过一句很风趣的话，靠一句美好的赞扬他可以活上两个月。这足以证明赞美的力量究竟有多大。懂得赞美和欣赏别人也是为人谦虚的表现。通过《性格与修身》的调查，能具备赞美这种能力的人，就已经具备人格魅力2%的比例（这是我对赞美的一项专项调查得出的结果，这个调查结果会在后面章节中详细描述）。

### 人人都需要赞美

爱听赞美话是人的天性，人人都需要自信、需要赞美，更需要被认可，抓住这个心理，就抓住了搞好人际关系的关键。人与人之间沟通的主要工具就是语言，而赞美的语言更是人际关系不可缺少的润滑剂。在现实社会里，会赞美的人容易被人喜欢和尊重；当一个人听到赞美话时，心里会非常激动、高兴，很容易推进事情的进展。

25年前我还不到30岁，我大哥的一位朋友曾同我说过这样一句话，直到现在我仍记忆犹新："你看荣勋，还是年轻，穿什么衣服都好看。"记得那天我穿的还是来郑州后买的第一件夹克衫，是深黄色的，听到这样的赞美后让我一整天都非常开心且很有激情，也正是因为这句赞美的话让我记忆了二十多年。每每回想起那一幕，总能想到大哥那位朋友亲和的面容，想起那一天满满的正能量，这无疑就是赞美的力量。

不要小看一句赞美的话，有时它甚至可以改变人的一生。美国著名作家戴尔·卡耐基小时候是一个公认的坏男孩,就连他的父亲都这样认为。在他9岁的时候,父亲向继母介绍卡耐基时说:"亲爱的,希望你注意这个全郡最坏的男孩,他已经让我无可奈何。说不定明天早晨以前,他就会拿石头扔向你,或者做出你完全想不到的坏事儿。"出乎卡耐基意料的是,继母微笑着走到他面前,双手捧着他的脸蛋,认真地看着他,接着对丈夫说:"你错了,他不是全郡最坏的男孩,而是全郡最聪明、最有创造力的男孩。只不过,他还没有找到发泄热情的地方。"继母的话让卡耐基心里热乎乎的,眼泪几乎滚落下来。就是凭着这一句话,他和继母建立了很好的关系;继母的这股赞美的力量,成了他一生的动力,为他以后的腾飞打下了坚实的基础。普通人也好,大人物也罢,都希望听到别人的赞美。因为赞美不是讽刺、不是挖苦、不是敷衍、不是拍马屁,而是发自内心的,是宽容的,是不求回报的,是可以给人以无穷力量的。同事间肯定的眼神是赞美,夫妻间一个默默地微笑也是赞美。老师赞美学生,可以让学生成绩有大的改观;家长赞美孩子,可以让孩子有用不完的力量。少一点责备,多一些赞美,人与人之间相处会更融洽。所以,请不要吝啬你的赞美;赞美,就从你身边的人开始。

我曾在网上看过这样一个问题:"有什么技能,经过短时间学习,可以给人生活带来帮助的同时,又让自己获得不错的收益?"最佳的一个答案便是:"夸奖他人。"《孔子家语·观思》云:"与人交,推其长者,违其短者,故能久也。"赞美无疑是一种包含着巨大推动力量的技能,也是一种不可或缺的社交手段。恰到好处的赞美,是高情商的行为。心血管专家洪昭光教授曾讲过下面这个故事:

### 案例1

在中央电视台《实话实说》节目录制现场,有一位104岁的老太太不但身体康健,还能做各种手工针线活儿。主持人问及老太太的"长寿秘诀",老太太说,其实我也没啥秘诀,非要我说就一句话,我这个人没心没肺能吃能睡!老太太的儿子说,我看我妈还有一个特点,她这个人心宽，嘴甜，随喜随缘，老爱赞赏别人，夸奖别人，什么事都高兴。老太太也没有什么文化，三个儿子、三个儿媳妇也都是普通人。老太太有一个特殊本事，在平凡中看到不平凡，这个了不起！她说，我几个儿媳妇个个长得漂亮，人特别俊，其实并不好看；还说心地善良，手特别巧，其实手也不特别巧；又说对妈特别好，比女儿都好！这一夸，儿媳妇知道了，高兴啊！对老太太更好了！这一更好，老太太更夸奖她们，家庭越来越好，真的是非常和谐，天天有说有笑。村里没有不佩服、不羡慕这个家庭的！

美国心理学家威廉说，人性最深层的需要就是渴望得到别人的欣赏和赞美。赞美对于每个人来说，始终都不是件容易被拒绝的坏事，那些受到真诚夸赞的人，也会因为一句赞美变得更加奋发上进，也难怪有人说，赞美是最低成本，但却是最高回报的人际交往法宝。

## 三、如何赞美他人

### 夸人的方法

1. 夸人要真诚

夸人的先决条件是什么？答案就是真诚、真实。所有虚情假意或者不走心的夸赞，可以说是一种既难为自己又达不到赞美效果的做法，也难免落入俗套，产生拍马屁、抱大腿的嫌疑。所谓真诚的赞美，不但能使对方对你的好感飙升，也能收获来自对方的欣赏，只有彼此间达到了相互欣赏的感觉，才是最舒适的。

有时，过分的赞美效果反而不好，甚至会让对方以为是讽刺。例如，如果一位技术人员实验成功了一项仅在国内领先的技术成果，而领导却赞美这是国际领先的技术，当事人会以为是讽刺他，而且也容易引起其他员工的反感。所以，赞美主要体现一个"真"字，生活中我们做人要真，做事要真，说话也要真，赞美更需要真。所以，相互的真诚才是我们沟通中所需要的。

### 2. 夸人要适时

夸人也讲究天时地利人和。当一个人正处于沮丧的状态时，安慰往往比夸奖的效果更好；而当一个人刚好收到成功的喜悦时，这时候夸一夸，可谓是锦上添花。

### 3. 夸人要适度

夸人要遵循"三七原则"，即七分真实外加三分在真实基础上的表扬，这样，听者自然很乐意接受。

### 4. 高明的方式是背后夸人

背后夸人，可以避免你因夸人的火候不足而导致尴尬的情况，而且这样也更容易凸显你的真诚，也更容易取得他人的信任。不可否认中国人向来生性内敛，但是会夸人，实则是最好不过的一种社交润滑剂，可是它又像一把双刃剑，适则达意，不适则难免尴尬，抑或成为他人的笑柄。如何夸人，技巧确实难以把握，其实有时候真诚地给予对方一个微笑也是一种不错的欣赏与赞美方式。

## 适度赞美

生活常识告诉我们：杯子的容量是有限的，如果不把握一个度，只顾往里面倒水，那水必然会溢出来。水满则溢，说的就是这个道理。老人时常教导孩子们：茶倒七分，饭盛八分，酒倒十分，是很有道理的。

何止倒水、倒茶要把握度？人生中的任何一件事都应当把握一个度，赞美也是一样。赞美固然是甜味剂，能让人与人之间的关系更加密切；它同样也是润滑剂，能让人与人之间变得更和谐……不过，糖太多，就可能会生腻；润滑剂太多，就可能会出现负面影响，产生打滑现象。因此，在日常交际中，即使是赞美的话、夸奖的言辞，也不是说得越多越好，更不是越多越奏效。诚如大家所知的那样，吃太多、太饱会撑，这时候和饥饿一样，是痛苦的、难受的，因此赞美的话说到点子上就可以了，不必刻意铺陈渲染。

适度赞美就是说在赞美别人的时候不能太过分，要恰当、得体、大方，否则就很容易使对方产生反感。比如，同事在某项工作上表现得很突出，就应该大方地赞美他："你真是太棒了！""不错不错！""厉害了！"……不仅言简意赅，而且也可以有效地传递你对他的赞美与肯定。假如此时你说："天哪，你真是太聪明了。""你是世上最能干的人。""怪不得你各个方面都很突出，就连上厕所，也有独特的气质……"诸如此类的溢美之词会让人听起来有讽刺的意味。所以说，赞美也要把握好一个度，过犹不及。尤其是在赞美领导时，更要特别注意适度。

此外，对于"赞美要适度"我们还可以这样理解：尽管人人都喜欢听好话，但也不能不分场合，人不是什么情况下都喜欢被赞美的。比如，面对因比赛失利正处于沮丧的人，你说："你如此的优秀，就应该是当之无愧的冠军。"这样的赞美无异于嘲讽，很容易激起对方心中的怒火，让对方心生怨恨。所以，赞美一定要把握好度，分清场合、分清对象，而不是任意妄为，随便就抛出赞美的话。

大文豪萧伯纳曾说过，每次有人吹捧我，我都头痛，因为他们捧得不够。赞美绝非单单一句话那么简单，一定程度上代表了一个人的智慧。

**养成赞美的好习惯**

赞美是用一支火把，照亮别人的生活，同时也照亮自己的心田。赞美并非只能献给有杰出成就的人，对于身边的普通人，包括那些不太喜欢我们和不如我们的人，也同样应该真诚且热情地给予赞美。我们要学会赞美身边的每一个人。

平时养成赞美别人的好习惯，让这种习惯在人际交往中自然体现和应用，不仅会给人一种美的感受，同时也会让自己的交际能力大大提升。这种习惯也是谦虚之人需要常常保持的，所以，懂得赞美和欣赏别人，也有利于磨炼自己的性格。因为性格傲气的人不习惯赞美和欣赏别人，假如我们学会并习惯于赞美别人，势必会降低自己的傲气性格"高压线"。由此可见，赞美是一门艺术，更是有利于修身和沟通的好习惯。

赞美无处不在。当我们坐公交车时，假如你向司机师傅道一声"您好，师傅，辛苦了"，师傅可能会因此而备感温暖；当你下车时，如能说一声"师傅您开车真稳",司机师傅将会因你的一句赞美而格外开心,同时这种美好的心情极有可能会感染所有的乘客。当你路过一个建筑工地,你对建筑工人说"师傅您建的楼房真漂亮",工人师傅听到这话工作起来将会更起劲。

有一个叫作《高帽一百》的故事,刚开始看时,觉得很可笑,但读过几遍之后,却觉得赞美如同通关文牒一般,在哪里都受用。故事是这样的:

### 案例 2

清朝有个京城的官吏要被调到外地上任,临行前,他去跟恩师辞行,恩师对他说:"外地不比京城啊,在那儿做官很不容易,你应该谨慎行事。"那人说:"没关系。现在的人都喜欢听好话,爱戴高帽子。我呀,准备了 100 顶高帽子,见到合适的人就送他一顶,应该不会有什么麻烦。"恩师一听,很生气,说:"我经常告诫你们,做人应该拿出一颗善良而正直的心去对待别人,你怎么能这样呢?"那人说:"恩师息怒,我这也是没有办法的办法。如果世人都像老师您这样性情耿直、品德高尚,根本就用不着高帽子了。"恩师听了学生的话得意地点了点头,说:"你的话倒也有些道理啊。"回到家中,夫人问他与恩师辞行的事怎么样了?那人说:"我准备的 100 顶高帽子,现在只剩下 99 顶了。"

这个故事反映的就是赞美可以让人心情愉悦,容易听进你的话。我曾经尝试着用赞美的口吻夸奖父亲。有一天,父亲穿一件新买的唐装,我毫不吝啬地表达了父亲穿上这身唐装很帅气的想法,说他老人家穿上唐装又年轻了十几岁,再看父亲明显感觉他特别的开心。

**孩子们更需要赞美**

有一个心理学教授做过一项实验,他给小学二年级的学生做智商测试,从班里成绩排前 20 名的学生中随意挑出 10 名,亲口对他们说:"小朋友们,通过刚刚对你们班 50 多名学生的智商测试结果来看,你们 10 个学生的智商是全班最高的。"到了第二年,这位心理学教授再去学校调查，果然这10名学生的学习成绩是全班最好的。

1979年我在农村老家的一所学校读初中，我算是一个偏科的学生，数学成绩在班里总是前三名，语文成绩却始终上不去。我那时候非常喜欢数学，原因是教数学的李丙兰老师觉得我作业书写得工整又干净，每次都完成得很好，所以上课时经常对我进行表扬，我当时感觉很光荣，每次数学课都很认真地听讲，下课很认真地复习，写作业时也更加起劲……结果我的数学成绩在初中阶段一直保持在前三名，还经常拿全班第一，这个阶段直到现在都是我最自豪、最美好的一段回忆。相反，教我语文的焦老师，他认为我语文成绩不好还不努力，平常不但不鼓励偶尔还批评："郭荣勋，你光学数学不学语文能行吗？你一条腿走路能赶上别人吗？"所以，我对语文课总是不感兴趣，结果语文成绩始终上不来。这算是我少年时期一段既特别快乐又无比郁闷的经历：数学老师经常表扬我，我就更爱学习数学；语文老师对我不但没有鼓励和表扬，还偶尔责备我，我就对语文越发"不感冒"。后来，我是凭着一门数学成绩"一只脚蹦到了高中"。

多年的亲身经历告诉我，不仅成年人需要赞美，教育孩子更需要赞美。对于孩子，我们做家长的，千万不要轻易去指责和批评，要多鼓励和认可；发现孩子身上的"闪光点"，要第一时间表扬和赞美，这要比发现他一点缺点就去批评和指责有效得多。当发现孩子的缺点时，即使批评也要先赞美其优点，之后再委婉地指出孩子的缺点，因为任何人都是在心情好的情况下最容易接受意见和建议的。一般在家庭教育与工作当中赞美和批评的比例是4∶1，即四个赞美加一个批评最为合理，所达到的效果也是最好的。

### 企业员工更离不开赞美

任何企业和部门的员工都需要多沟通、勤赞美，特别是年轻人，赞美是他们成功的法宝。赞美亦是珍贵的奖励！日常工作中，我自认为是一个比较善于发现员工自身优势的人，且每次发现他们身上的"闪光点"，我都会第一时间去鼓励和赞美他们，使其增加自信心，从而更加热爱工作。

我经常赞美身边的高管："你很会沟通，这么难的事你都谈成了，换我也不一定能谈下来。"我已养成赞美的习惯，而且我是发自内心地佩服认可和赞美他们，相信这种习惯会对他们谈判能力的提高更有帮助，也会让其对谈判越来越自信。我还会常常赞美销售人员："你跟客户这个说法很好，不仅守住了价格还争得了回款比例，干得非常漂亮，很值得大家学习和效仿。""你们性格外向，无论跟再大的领导谈判都敢直接面对，敢于说不，敢于提条件，这一点比我做业务时强多了，你们做得很棒，今后继续保持下去，一定会出更多更好的成绩。"对待新员工我也是这样，经常和他们沟通，并且不断去发现他们身上的长处，去表扬他们。比如，新入职的销售员小李出了业绩，我就鼓励他说："小李，你真行！这么快就成交了，你的沟通能力真强。坚持做，你一定很快还会出单。"此外，我还会经常亲自指导新员工的业务工作，与他们缩短了相互之间的距离，我想这也是对他们的一种认可和赞美吧。企业发展需要不断招聘新员工，新员工在工作中需要获取更多的自信心，只有这样才能早日安顿下来，早日出成绩，而提高员工自信心最好的一个方法就是赞美。年轻的团队能够快速建立起强大的凝聚力，依靠的也正是如此的赞美和奖励。

世界上几乎没有不"吃"赞美的人。生活中为什么有人说话别人爱听，而有些人说话别人不爱听呢？原因就在于有些人懂得赞美、懂得欣赏别人，而有些人不懂。

章节一案例中提到的那位业务员小王，凭自身努力拿回了比原计划多10万元的承兑，却因经理一句不合适的话而沮丧。后来他给我述说了自己心中的不快，我赶快补救并真诚地说："这件事，你干得太漂亮了，这家客户资金这么紧张，你不仅拿回了原计划的20万元还额外多拿回10万元，你是好样的！"听了这话，小王的不快一扫而空，微笑着离开了，之后的工作也更加地卖力。其实，在我看来人与人之间相处就是如此简单，领导能力也是这样得到提升的，老板也必须这么做。赞美就是如此有效。

另外，我还要温馨提醒那些老师、老板和领导们，我们从事的是育人、助人的职业，一定要养成赞美和表扬的习惯，否则，不知不觉中就已误人子弟了。

## 四、为什么有些人不喜欢赞美他人

一般性格傲气的人不习惯赞美和鼓励别人。他们总认为这是你应该做到的，不需要表扬，也没必要赞美。这是傲气性格的弱点。通过了解和认识赞美，我们明白了赞美的力量，善加利用将有助于弥补性格缺陷，减少工作上的失误。

有的老板同我探讨："郭总，我平时跟员工沟通很少，也从没给过他们好脸色看。别说赞美了，遇到不顺心的事我还常对他们发脾气。"相信这样的企业老板不在少数，很明显他们的做法是不对的，一定会影响企业发展和团队的形成。

公司能够快速发展，离不开优秀企业文化的支撑，赞美文化将在其中发挥巨大作用。在良好的企业文化熏陶下，我所经营的公司上下对"赞美文化"产生了高度认同，管理中清晰地蕴含着丰富的赞美艺术。中高层管理人员，面对员工时懂得了沟通，彼此能够相互欣赏。在相互赞美与鼓励之中，大家更加团结，人际关系也更加和谐，公司业绩逐年提升。

所以，无论任何人、任何时候、任何工作，赞美都是不可或缺的。赞美之所以能位列"八项注意"之一，也正是源于它在生活与工作中的重要作用。换而言之，赞美是我们为人处世，甚至是事业成功的方法、工具乃至规律。

# 章节五 "八项注意"之称呼

称呼是指人们在日常交往中，相互之间所采用的称谓。在人际交往过程中，称呼是传递给对方的第一讯息，是人与人交往和沟通的美好开端，表示了被称呼对象的身份、地位和职业等。

## 一、学会称呼，出门不堵；称呼到位，办事不累

称呼是人人都会且最容易弄明白的技能之一，但也确实又是最容易被我们忽视的。很多人因在一些特殊条件下没有运用好称呼，而给自身带来不好的影响。比如：在激动的时候忘记运用称呼；在冲动或情绪波动的时候忽略称呼；在熟悉的亲人面前忽视称呼或是在陌生人面前不主动称呼……

人常言："多叫一声哥，少爬半里坡。"生活中，无论哪种情况下，用好称呼不仅能与被称呼者拉近距离，起到交流感情的作用，而且还能得到身边人的快速认可和帮助，最终能让自己的工作效率得到大大提高而成为事业成功的抓手。

称呼占一个人人格魅力的 2%（其数据在后边章节会有详细介绍），可见称呼在交际中所起的作用之大。不同的称呼不仅反映了交际双方身份和社会地位的差别，而且也体现了双方关系的亲疏程度，因此不能随便乱用称呼。

中国自古被誉为"礼仪之邦"，泱泱大国千年的"礼"文化更是讲究"称呼"，而且会根据场合不同、身份职位不同、等级不同、行业不同、性质不同……对称呼进行细致区分。在国际交流中，也会因各国、各民族风俗习惯的不同，使称呼存在着很大的差异。在日常生活中，如果不加以注意，随意称呼，不但会使对方不高兴，引起对方的反感，甚

至还会闹出笑话，产生误会，严重的还可能会引发矛盾冲突。

> **案例 1**

李三是局里的办公室主任，在单位多少有点职权。他老婆小丽是个醋坛子，总担心李三会背着她在外面搞婚外恋。

这天，小丽和李三在家里看电视，李三单位的李霞来了。李霞是小丽的大学同班同学，也是班里的班花。小丽见李霞就说："老同学来了，今天中午就在家里吃饭吧。"李霞说："张局长找李主任有事，我和他这就回局里。"说罢就与李三一道走了……一晃几个月过去了，这天晚上，刚吃完饭，李三的手机响了，接通一听，是李霞。李霞说："李三，张局长要的总结稿你写完了没有？"电话那头的声音，小丽听得一清二楚，她想说什么又忍住了。又过了几个月，一天晚上李三和小丽在外面散步，突然碰到李霞。李霞先朝李三打招呼："喂，晚饭吃了吗？"两个人没说几句话，李霞就走了。此时，小丽一点儿散步的雅兴都没有了，对李三说："回去吧，今晚风大，太冷。"一回到家，小丽就大发雷霆："你老实交代，是不是跟李霞有一腿？""你这是说的哪儿的话呀，根本没影儿的事。"李三虽然回答得理直气壮，但心里却打颤鼓，因为李霞真的成了他的情人。小丽骂道："你以为我是傻子吗？我已经看出来了。"

李三一想，自己和李霞刚刚搭上情人关系，小丽凭什么看出来？于是硬着脖颈说："说话要有证据，没有证据就是诬陷。""证据？"小丽一声冷笑，指着李三的鼻尖说："开始那次在家里李霞是叫你'李主任'，前不久在电话里叫你'李三'，这次又改口了，叫你'喂'！你以为我不知道？"……小丽就是如此凭借"称呼"的改变察觉到了两人的"蛛丝马迹"。

## 二、称呼是最精准的沟通

一个恰当、得体的称呼，往往会让对方心情舒畅、如沐春风，为日后的交往打下良好的基础；反之，不恰当的称呼往往会令对方心情不快，影响双方之间的关系和交际的正常进行。

### 案例 2

有一次，一位中年男子走进了一家私人餐馆，他招呼服务员要点餐时，连喊两声"小姐"没有人应答，于是他走到服务员面前大声吼道："你聋了吗？"正当我们观察服务员是否会进一步受气时，没想到服务员高高地抬起头，怒声问道："你是叫我吗？"男子说："不叫你叫谁？"服务员说道："你要的东西我这就去给你拿来，你妈才是小姐。"……于是争执愈演愈烈，最后餐厅经理出面才平息了这场纠纷。

无独有偶，在一家商场内，一位卖化妆品的女孩拿着化妆品向一位中年妇女推销："小姐，这个品牌最适合你这样的人用……"话还没说完，中年妇女夺过化妆品往柜台上一扔，说道："你好好看看我的年纪，谁是小姐？你不叫阿姨我不跟你计较，你倒是很像小姐！"这就是没有把握好消费者的心理，推销未成，反落了个尴尬。

由此可见，在人际交往过程中，称呼对我们真的非常重要。称呼得当，往往能迅速赢得对方的好感；倘若称呼不当，就很容易引起对方的反感，导致公关失败。因此，得体的称呼是沟通的开始，是进一步沟通的"敲门砖"。

既然称呼在人际交往中发挥着如此重要的作用，那么在日常交际中，我们应当如何恰当地称呼他人呢？

### 职务式称呼

在日常工作中，最常见的一种称呼方法就是称呼对方的职务，以示身份有别、敬意有加，在企业里可称呼董事长、总经理、主任等，也可以在职务前加上姓氏，例如郭董、王总等。较为正式的是在职务前加上姓名全称，如张某某部长、李某某主任等。对于有职称的人，尤其是有高级或中级职称的人，可以直接以其职称相称，例如教授、律师等。也可以在职称前加上姓氏，例如王教授、张律师等。还可以在职称前加上姓名的全称，这适用于十分正式的场合，例如王明教授、张杰律师等。

### 日常称呼

一般情况下，同学和同事关系，平辈的朋友、熟人等，互相之间都可直接以姓名相称。长辈对晚辈也可以直呼其名，但晚辈对长辈则不可以。此外，为了表示亲切，还可以在被称呼者的姓氏前加上"老""大""小"等字，例如，对比自己年长的人，可称呼其为老王、大刘等；对比自己年幼的人，可称呼其为小王、小李等，这种称呼多用于社会人士之间，不适合在校学生。

### 职业称呼

关于职业称呼，则以被称呼者的职业作为称呼。例如，将警务人员称为警察或警官，教学人员称为老师，财会人员称为会计等。通常情况下，在这类称呼前都可以加上姓氏或姓名，比如刘警官、王老师、吴会计等。

下面是我亲身经历过的一个故事。

#### 案例3

2005年春天，为方便孩子在北京上学，我和爱人决定在北京买套房子。那天在西三环附近办完购房手续已是中午12点多了，于是就急匆匆开车准备去二哥家吃饭。结果，刚上车没走几步就被警察拦下了，让我出示证件。后来我才知道此处不能直接上三环，需要先走三环辅路而后再上三环。我把车停好并找出车辆证件和驾驶证件，在给警察交证件的一瞬间，我冲着警察微笑着说了几句话，我感觉警察同志都没听完我的话，就把证件还给了我，还嘱咐我："以后开车注意点。"我说了几句什么样的话能让警察同志这么快就原谅了我呢？当时我说："警官先生您好！我是外地司机，第一次在北京开车，对北京的路不是很熟悉，您能否原谅我一次？"记得这位警察还是双手把驾驶证、行车证递给我的。

回想一下，此时我能感动警察的原因，最重要的是"称呼"，还是一句尊称"警官先生",称呼结束之后,再心平气和地摆出理由来征得警察的谅解,结果比预想的好了很多。可见生活中称呼和沟通的重要性,它是人际交往过程中不可忽视的一环。

### 亲属之间的称呼

在日常生活中,尤其在农村,沾亲带故的人际关系中,彼此之间的称呼尤为重要。一个合适、恰当的称呼不仅是礼貌的象征,而且还能增强双方的亲近感。

**案例4**

有一次,一个朋友开车带着爱人和岳父出门,正好接到一个电话,电话那头的朋友问他,你跟谁一起出去了?这位朋友一时激动竟忘记了对岳父的合适称呼,便随口说:"和我老婆,还有她爸爸。"结果朋友的老婆气得当场脸色就变了……回家之后就和他大吵了一架。

夫妻双方的父母,按照中原地区的称呼习惯,就是"爸爸和妈妈"或"爸和妈"。不分场合进行"创意"称呼会使夫妻一方不满意或者不开心。因此在对亲属的称呼中,要格外讲究并注重关系。

平时见面多注意称呼,会给被称呼者留下很好的印象,同时也会受到他们的认可和尊敬。称呼他人除了注意上述几点之外,还要遵循一定的原则。

## 三、称呼的原则

### 要考虑对方的年龄

见到比自己年长的人,一定要用尊称,比如大叔、大婶、老伯、老先生、老师傅等,切忌用"喂""嗨"等不礼貌的字眼儿,否则很容易引起对方的反感。此外还要注意,看年龄称呼人,应当力求准确,否则会闹出不愉快。比如,称呼一位三十岁左右的女性为"大姐",就比称呼她为"大嫂"更合适，因为对方很可能还没结婚，称其为"大嫂"有可能引起对方的不满，从而使双方都尴尬。

### 要考虑自己与对方的亲疏关系

在称呼他人时，还要考虑自己与对方关系的亲疏程度。比如，和兄弟姐妹、同窗好友等关系比较亲密的人见面时，还是直呼其名显得更亲切自然、不拘束，如果见面后一本正经地冠以"同志""先生""女士""小姐"之类的称呼，反而显得见外、生疏了很多。此外，在与多人同时打招呼时，更要注意亲疏、远近和主次关系，一般来说，以先长后幼、先上后下、先女后男、先疏后亲为宜。

### 称呼对方时不要一带而过

在与人交谈的过程中，称呼对方时一定要加重语气，称呼完以后略微停顿一下，然后再进入交谈主题，这样才能引起对方的注意，使对方认真听下去。如果你在称呼对方时又轻又快，甚至一带而过，对方就会觉得很不顺耳，从而影响他继续听下去的兴致。因此，在称呼对方时，一定要把对方的称呼认真、清楚、完整地表达出来，以示对对方的尊重。

## 四、称呼的注意事项

### 初次见面更要注意称呼

初次见面，如果想要给人留下非常深刻的印象，那么"称呼"便是这深刻印象中的第一印象，是良好沟通的开始，它对沟通的结果和办事的效率都起着举足轻重的作用。例如，第一次与陌生人见面或谈业务时，以"姓氏＋职务"的形式称呼对方，并且一字一句地说清楚："××经理，很高兴能见到您……"如此准确、及时、到位的称呼，会显得亲切友善，给你加分不少，而且有利于工作的开展；否则，称呼不到位，会有不礼貌、不热情、不尊重他人或看不起他人之嫌。

生活中的买卖活动如果能巧妙运用称呼也会起到关键作用。比如下面这个案例：

### 案例 5

2008年夏季，一次下班回家想要买些西瓜，正巧看到一对小夫妻在路边卖瓜，看着车上新鲜的西瓜我把车停在路旁，挑选了一个比较满意的，先让卖瓜的小伙子开个口子给我尝一尝，意思是好吃我就再多选几个带回家，若不满意就买这一个就行了。结果我刚吃到嘴里还没尝出味道，就听到卖瓜的小伙子轻快地问了一声："哥，甜吗？"我说："甜！"心里一高兴就多买了他们好几个西瓜。其实，我尝出的味道并不是太满意，要不是听他多叫了声"哥"，我就只准备买他一个，这个年轻小伙子的一声"哥"给我叫得心里"甜甜的"，接下来就更加不好意思推辞了。

类似这样的事情对任何人来说恐怕都不是偶然发生的，我们每个人身边应该都曾遇到过这样的事。如果初次见面就能称呼到位，一定能让你得到意想不到的收获。

**关系越熟悉越要注意称呼**

即便是跟熟人交谈，也不要随便称呼对方，尤其是在有其他人在场的情况下，每个人都需要尊重他人和被他人尊重，就算是再亲近的朋友也不例外。越是关系亲密的朋友，越需要彼此尊重，如果因为是朋友关系就随随便便、毫无顾忌，用各种外号甚至一声"嗨""喂"来称呼对方，不但显得没有礼貌，而且还会令对方难以接受。特别是人们在情绪低落的时候就更容易产生误会和矛盾。所以，养成正确的称呼习惯，无论在任何场合、对何种工作的顺利展开都会起到不可估量的作用。

**学会称呼**

学会称呼、用好称呼是人们生活中必备的技能之一。其实我们每个人生下来会说的第一句话就是"称呼",例如妈妈、爸爸,相信做父母的听到孩子的第一声称呼,心情肯定都是万分激动和高兴的。

另外,对于婆媳关系这种清官难断、百姓头疼的社会难题。其实只要能将称呼运用得当,再加上巧妙地赞美同样可以轻松化解,甚至可以避免婆媳矛盾产生。公司里众多的已婚女员工当中,不乏有人将称呼和赞美运用到位的,多少年都不曾跟婆婆红过脸、拌过嘴。一次全体会上,集团总裁孔攀红女士与大家分享道:"大家要多学习《性格与修身》,处好婆媳关系。现在我女儿已3岁了,从生下来就是我婆婆一直在家照看着,三年来我们的关系一直相处得很好。原因就是我在家里学会刻意地多叫一声'妈',感觉婆婆不高兴的时候更是如此。另外还要学会并常用赞美,经常夸奖婆婆做的饭菜味道可口,赞美婆婆身上的长处。比如婆婆照顾女儿很少有过感冒,我就真诚地夸赞婆婆细心,照顾孩子真用心、真有经验……如此一来婆婆即使累,心里也是开心和快乐的。"小小的案例折射出巨大的能量,相信这就是在家常用称呼和赞美能使婆媳关系和睦的关键和技巧所在。

既然我们已经学习了称呼的各种原则规范与使用方法,那么在日常的工作、生活中就一定要运用起来,千万不要为了贪图省事或让自己方便,就随便给人称呼,更忌讳的是一"喂"到底。

我们再来一起看看电视剧《大宅门》里的"郑老屁"是怎么出场的吧!郑老屁和白老七一见面,就因为让道的时候称呼使用不当,最后争执不休。剧中,白老七的马车正面迎向郑老屁的马车时,郑老屁随口就说了一声白老七很不愿意听的话:"哎,让让,让让。"明显这句话没有称呼,经常被人尊称为"七爷"的白老七很是不高兴,直接就回了句:"怎么说话呢?家有大人吗,家里大人怎么教你说话的?嘿嘿嘿叫谁呢?"如此你来我往地撕扯了起来……

假如换一种方式,郑老屁很有礼貌地称呼一句"兄弟"或是"先生",道一句"麻烦让一下路",我想结果肯定是另外一番光景。所以,生活中学会称呼和礼貌用语,能够让我们在实际工作中时刻受益。

我亲身经历过这样一件事,至今仍记忆犹新。2014年的7月15日,正赶上高校暑期放假,可以说是火车票一票难求。那天我计划乘火车从北京返回郑州,当时时间很紧没来得及提前订票,就想着到了车站再直接买吧。到了车站售票处后真是大跌眼镜,买票的人已排成长龙,而且此时网上显示的信息也是"无票"。由于着急走,于是我就试着到退票改签窗口碰碰运气,窗口是位男同志在值班,他胸卡上姓名是王某某。不管他是不是值班主任,我心想一会儿只管称呼他主任。于是我向这位王同志非常客气地表明了意图,听完我的表述后,这位王同志花费了20多分钟时间,为我多次查找合适的车次及车票,还交代其他工作人员,协助为我补了一张合适的车票。

当时我首先是这样与王同志沟通的:"王主任您好!今天突然接到通知要去郑州,来不及买票了,麻烦您看看能否为我补一张去郑州的车票?真的非常感谢了!"后来分析,应是我的一句称呼起到了作用,助我成功在30分钟以内拿到了一张满意的回郑州的火车票。直到我上车后才知道,这趟车的车票早在15天前已卖完。就这样一个称呼换了一次贵人相助的机会,难道我们还能说称呼不重要吗?

## 五、危机公关"第一关"——"你"称呼到位了吗

好的称呼可以把你带出绝境;不恰当的称呼会让你错过最好的时机。因此,职场上称呼就是我们所有人危机公关的"第一关",而一个没有称呼的"公关"就会成为"难关"。

每个人从呱呱坠地到牙牙学语,所说的第一句话就是"妈妈"——这是世界上最美好的称呼之一。童年时期,好孩子、懂事孩子的标准是什么?其中一项就是小嘴真甜,会称呼。而这些我们从小就懂得的道理为什么长大后却被忽略了呢?其实这也反映了当今社会浮躁的现实和传统文化传承的问题所在。

### 案例 6

2013年4月的一天晚上,我去酒店与客户会餐。饭后我和司机从三

楼电梯直接下了地下停车场,当司机把车开到车库门口时,保安提出需要收费,我们才发现忘了在三楼要免费停车卡了。司机说:"我们刚在楼上吃过饭,你看这是刚开的发票。"保安人员则说:"那不行,我不认发票只认卡,你要么去拿卡,要么交10元钱停车费。"司机听后嫌麻烦不愿意去。司机和保安都是年轻人,一个不想下车回去拿卡,交钱又觉得冤枉,一个就是严格遵守制度,双方就这样僵持着。我心想先说几句好听话吧,不行再上楼要免费停车卡。我摇开后窗玻璃说道:"帅哥你好,我们刚在楼上吃了饭,走得比较急所以忘拿卡了,下次我们一定注意。"还没等我把话说完,停车场的挡杆就升起来了……

一句清晰而又亲切的称呼——"帅哥你好",顺利地解决了这一不太愉快的小问题。否则,要么多交10元停车费,要么把车停下再上楼去要停车卡。所以,学会称呼、用好称呼一定会帮助您渡过生活中的"每一关"。

其实,生活中小小的一句称呼能够起到不小的作用。平时我们在大型商场里面想寻找一件小物品,只要我们对工作人员认真称呼一声并说明自己的需求,工作人员便会热情细心地为你指出小物品所在的准确位置,让我们节省时间少走弯路。我还反复做过这样的实验,当一个停车场车位已满不能停车时,若能对守门的保安说一声:"保安师傅你好!我的车不方便停在别处,能否帮忙给我找个车位?谢谢!"这种情况下大概率是热心的保安会让你的爱车先开进来!其实诸多事情的解决都跟先用好一句称呼有关。会称呼是生活中的小习惯,但却是大智慧,能够帮助解决你的小事情亦能成就你的大事业。

称呼是沟通中最常用也是最早用到的,在沟通中起着至关重要的作用。任何会议讲话,首先要称呼尊敬的领导或女士们、先生们大家好!亲人之间产生误会,一句称呼可打破僵局;儿子先叫一声"爸"和"妈",爸妈便会原谅儿子的一切;兄弟之间的矛盾如能有人先喊声"哥"或"弟",一切会变得简单。称呼的作用和重要性人们都明白,但未必人人都能做得到运用恰当,尤其是在人们冲动或情绪波动时往往就会省略了称呼，关键时候，谁先省略了称呼，谁就先失去了友谊、输掉了沟通。

　　称呼还是我们汇金集团企业文化的重要组成部分，其在工作和生活中的重要位置是通过认真细致的数据分析和调查得出的结论，占一个人能力的2%。为此我还在企业总结了一句有关称呼的文化警句——**称呼是最精准的沟通！**

　　**学会称呼，出门不堵；称呼到位，办事不累。**多叫一声哥，少爬半里坡。让我们认真记住称呼吧，它随时随地都能帮到我们。

# 章节六　"八项注意"之沟通

## 一、关于沟通

无论在工作、学习还是家庭生活中，沟通都是极其重要的一件事情。一些悬而未决的问题的处理需要依靠沟通，相互间的误会和矛盾解决需要依靠沟通，一些重大决策更需要依靠沟通，需要我们积极、主动地与朋友、与家人、与同事、与领导进行沟通。通过对《性格与修身》的总结，我深刻认识到沟通还可以解决除沟通本身外的许多事情，沟通占一个人做人修身能力的18%（称呼和赞美都属于沟通），也可以说一个人的沟通能力占人格魅力的18%（其数据在后面的章节会有详细介绍）。

沟通能力是人们工作和生活中的第三大能力。如果我们能把沟通能力用好了，就会使日常工作和生活变得更加轻松愉快，让成功之路变得更加平坦和宽阔。可以说，沟通作为我们工作、学习、生活中不可或缺的重要组成部分，是我们通向成功的必备技能。

我们每个人都有自由且相互独立的思想，都有自己的价值观、人生观、世界观，对于同一件事都会有自己不同的认知和想法，沟通会让我们更加了解彼此的想法，也能让我们找到解决问题的最佳方案。有时候，面对长辈、老师和领导提出的要求，由于与自己的想法有较大的冲突，我们内心可能一时不能接受，但也不便直接违背，此时就要大胆地去找他们进行沟通，让对方了解自己的想法和计划，告诉他们自己想要什么，以及自己又是如何去努力实现的。有时候我们常常抱怨别人不了解自己，但事实上都是因为我们没有与他人进行有效的沟通与交流。有效沟通不仅能解决实际问题，同时也能提高彼此之间处理问题的能力和水平。

## 沟通是一个人工作、学习、生活等能力的主要表现形式

沟通是保持人际关系的重要渠道。《性格与修身》的研究表明,沟通占一个人几乎 1/5 的个人能力和人格魅力,它能够增进彼此的感情,增进相互间的了解,消除误解;还可以让我们学会换位思考,体谅彼此,让人敞开心扉,变得更加开朗,让我们的生活更加和谐并且多姿多彩,沟通总是能把许多不可能变为可能。

一次在和一位国内著名企业的老总聊天,谈到企业文化以及销售回款方面的管理问题。

我同这位老总聊道:做销售,把产品卖出去是"徒弟",把款收回来才是"师傅"。我们企业的核心竞争力除了企业文化就是销售了,我有一个很优秀的销售团队。我们3年前投资的一个新项目,因开始时对设备质保金不够重视,回收不及时,等发现时客户所欠质保金已高达几百万元。一般情况下,质保金约定都是发货之日起满一年应结清的,可拖欠的质保金大多都超过了一年,有的还超过了两年。拖欠的原因又是五花八门:有的客户已停产了,有的直接就不想再支付质保金。同时,欠款的客户全国各地都有,十分分散,欠款金额少则几万元多则十几万元。了解情况后,公司高度重视,严格要求销售人员尽快回笼设备质保金。在常人看来这些几乎成了呆账和死账的质保金,我们公司仅仅用了不到两个月的时间就收回了近80%。

说罢,这位老总很好奇地问我:"郭总,你是怎么做到的?"

我说:"我让销售人员与客户心平气和地摆事实,讲道理,耐心地沟通、沟通再沟通。"

这位老总又好奇地问道:"怎么沟通啊?"

我笑着对他说:"微笑、微笑再微笑。"这位老总听后欣然而笑,还连连点头……沟通是世界上最简单的因果关系;微笑是世界上最厉害的武器。生活和工作中很多纠结、误会甚至是矛盾都是由缺乏沟通造成的。

在生活和工作中,无论跟客户还是自己的上下级同事,或是朋友、

家人、邻里等，只要有矛盾、有误会、有帮求都应该积极、认真地去沟通，只要有未达成的共识，就需要去沟通、沟通再沟通。沟通能解决一切难以解决的问题，能抹平一切横亘在彼此之间的隔阂，能让一切的不可能变为可能。换句话说，那些不擅长或不去沟通的人，他所得到的结果都不会是最好和最令人满意的。

创办企业近三十个年头，销售出身的我还经常说自己仍是一名老销售人员。平常我善于总结一些销售技巧和方法，并将这套方法讲给新入职的销售人员听，因为他们大多刚刚走出大学校门，说话、做事方面都缺乏经验，更别说做销售了，有些性格内向的更是不知从何入手。

我个人觉得无须投资、发家最快的门路就是做市场销售，因为做销售收入比较高。那么，问题是怎么才能做一个出色的销售员，最快地推销出产品，最快地拿到销售订单呢？能不能用最少的文字、最简单的语言说清楚呢？后来我总结了三句话共九个字，并称之为销售总纲领，这三句话能让大家对销售工作有个总体的认识和学习，帮助大家找到努力的方向，大家只要按照这三句话九个字去领悟、去实践，就一定可以成为一个合格的销售员，甚至还能成为销售中的"常胜将军"。

这九个字，简称**销售"三会"，即"会沟通，会来事，会做人"**（见表6-1）。

**表 6-1** 销售"三会"

- 会沟通：说别人想听的话，说别人感兴趣的话；不说假话，真话不全说。
- 会来事：做事利他，学会分享，懂得人情世故，善解人意等，关键是学会舍得。
- 会做人：做人不是一朝一夕，而是百年大计，长久做销售，最终让客户认可的还是人品。

别看销售"三会"只是简单的三句话九个字，却能成为做销售的总纲领，其核心在于会沟通。目前，销售"三会"已为我们企业培养了一批又一批年轻且优秀的销售精英。

成功有方法，失败必有因。沟通不仅仅对销售工作十分重要，它同样适用于生活以及其他工作的方方面面。

## 二、沟通的顺序

### 首先，沟通要用心

人行为之初，皆由心始。因此做事要用心，沟通也要用心。沟通必须遵循从"心"开始的规律，就是说，无论我们沟通任何事，首先要用心且细致地考虑清楚，要真诚地去和对方沟通，哪怕是一个眼神、手势等都要用心投入。

● 案例 1

有一个人请了甲、乙、丙、丁四个人吃饭，临近饭点，丁迟迟未来。这个人就着急了，随口抱怨了一句："该来的怎么还不来？"甲听到这话，不高兴地说道："看来我是不该来的！"于是就告辞了。这个人很后悔自己说错了话，连忙解释说："不该走的怎么走了？"乙心想："原来该走的是我！"于是乙也走了。这时候，丙对他说："你真不会说话，把客人都气走了。"那人辩解说："唉，老弟，这是他们多心了，其实我说的又不是他们。"丙一听，心想："这里只剩我一个人了，原来是说我啊！"于是也生气地走了。结果本应该很开心的饭局却被主人硬生生地搅散场了。

虽然类似的故事可能在生活中很少出现，但却告诫我们：用心沟通确实是十分必要的。沟通之前事先考虑好哪些话能说，哪些话不能说。什么场合说什么话，见什么人说什么话，是有一定道理的。这是一种交际技能，需要我们在日常生活中不断学习、总结、感悟和提高。

沟通不仅是一种信息的交流，更是一种感情的传递。敞开心扉，用心交流，以心换心，这样才能增进相互之间的感情，架起信任的桥梁，使沟通成为增进团结和友谊的"黏合剂"。相反，说话不用心，常常会造成事与愿违的后果，有时还会给自己及他人带来不必要的麻烦。

我从生活经验中得来这样一句话："你不用心说话，别人也听不到心里。"

当你不用心说话的时候，别人给你的回馈同样也是不走心的。请牢记，心是人的主人，沟通首先要用心，否则，一切沟通都是多余和无效的。

**其次，沟通要过脑**

沟通不仅要用心，而且还要过大脑。沟通是为了达到某种设定的目标，说话之前我们需要经大脑思考一下：为什么要沟通？用什么样的方法去沟通？最终想要达成什么样的结果？有一个普遍现象"说话不经过大脑，别人一定会过大脑"。也就是说如果我们平常说话不注意、不经大脑思考，那么听者有意，就很容易引起别人误会，这是生活中很常见的事情。

与此同时，人在冲动时沟通是来不及经过大脑的。我在分析冲动"高压线"的时候就说过，人在冲动的瞬间，智商归"0"。所以，在情绪波动或冲动的情况下，千万不要做任何沟通。

**再次，沟通要学会表达**

人与人之间的沟通需要用心、用脑，但最终需要通过表达才能完成，表达是沟通的最后一步（见图6-1）。沟通的表达方式接下来我会具体说明。

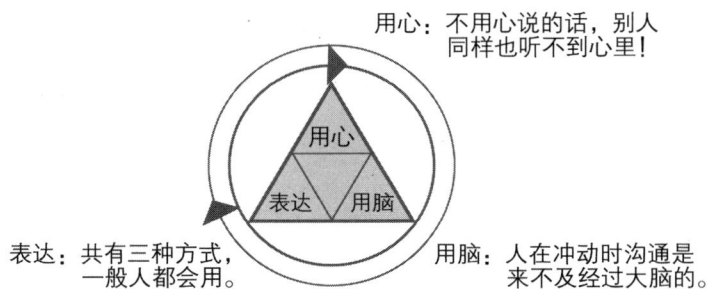

图6-1 沟通的顺序："用心—用脑—表达"金三角

## 三、沟通的表达方式

沟通是我们每个人都必须掌握的技能。沟通的表达方式共有三种,即语言表达、文字表达、肢体表达。我们只要熟知这几种表达方式,做到什么情况用什么方式表达,就会得到你想要的结果。

### 语言表达

语言表达是指通过口头来完成的一种表达方式。语言表达能力是指在运用口头语言及书面语言的过程中对字、词、句、段的把握能力,两者均以语言为基础媒介。虽然书面语言可以是对口头语言的归纳总结,但是它们并无直接关系。

语言表达能力具体指用词准确、语意明白、文理贯通、语言平易,能把客观概念表述得清晰、准确、连贯、得体。语言表达能力的关键在于表达对方想听的,能让对方产生好感。下面给大家举一个通过语言表达打赢"价格保卫战"的例子。

● **案例 2**

2010年的一天,我突然接到一个客户的电话:"我姓李,是××企业刚刚接替王科长负责采购的,你们供的材料价格比市场价要高,请给予合理解释,否则就请降价。"我第二天就赶过去,找到了这位新上任的李科长,展开了语言攻势。我说:"李科长!恭喜您荣升,接替王科长这份工作,也很高兴我们今后能成为朋友。据我了解您和王科长的私交也不错,他刚调走,您又是刚接替他的工作,您看能否缓一缓?现在降价有些不合适,就比如您哪天职务变动了,别人要求第一时间降价我同样也会拒绝的,我宁肯不做也不会这么快降价的,这样做对不住朋友。另外,李科长是否和工人沟通过我们产品的使用情况……"李科长听完这番话,沉默了一下说:"郭哥,您说得有道理,我应该提前了解一下咱们材料的具体情况,应该看到高质量的价值,而不能光看价格,就按您说的办吧。"就这样,我用委婉的语言表达保住了产品价格和客户关系,这就是语言表达的魅力。

## 文字表达

文字是最有力量的一种沟通,是必须有结果的沟通。文字表达能力也就是运用文字水平的能力,即运用语言文字阐明自己的观点、意见或抒发思想感情的能力,是将自己的实践经验和决策思想运用文字表达的方式使沟通更为系统化、科学化、条理化的一种能力。目前,常见的文字表达工具有文件、传真、信函、短信、微信等。

### 案例 3

2013 年,我公司的副总经理吴秋敏当时还是一名普通的销售主管,负责福建地区的销售,平常工作十分卖力,业绩也不错。可是水头镇的一个大客户却令其十分头疼。她多次拜访,也拿出了最大的合作诚意,这位大客户始终不领情,公关了很长时间,业务仍然处于停滞状态。在没有其他办法的情况下,吴总想起了"文字表达"的沟通方式。一天清晨,吴总用心编写了一条短信并给这位客户发送过去。客户最终被其感动,没有多久就电话邀约吴总进行了业务洽谈。之后我称她的这条短信:"半年公关无果,一条短信逆转。"短信内容是这样的:"早上好,王总!早起想到您心情颇为激动,回想起半年来与您认识、相见、交谈的种种,突然觉得自己像是征战沙场的一名士兵。您不是敌人,而是人人希望得到的那个宝藏,我不为荣耀、不为占领,为了一份使命,哪怕战死沙场也要拼搏到最后。人说销售犹如'谈恋爱',倾注了自己的热情、真诚和期待,我也一样倾注全心。为了给您打电话而惴惴不安,为了想与您见面而彻夜难眠,因您的一个鼓励而激动不已,因您的一句认可而泪流满面。水头给了我成长的舞台,您给了我成长的音符,路再漫长也让我无所畏惧,心存感激!祝您好,一切顺利。"

客户就是被这条短信所打动的,他同我们一直愉快地合作到今天。

### 案例 4

2008年，公司在给国内一家世界500强公司供货，由于中标后原材料价格不断上涨，导致继续供货将会造成30万元的净亏损，然而不供货又失去了合作信义。当时公司几个人都说没办法，合同已经签订，对方又是管理非常正规的大企业，我们只能吃哑巴亏。我说："亏！我们可以吃，但我们不能放弃，一定要给对方把现实情况说清楚，并争取上涨价格的权利。"于是我委婉而客观地写了一份产品涨价说明书，把要求涨价原因和想法如实说给了对方，请求对方为本次合同价格上调30万元，并以传真形式发给了客户。两天后，我们得到了回音："同意你们30万元的涨价请求……"

## 肢体表达

肢体语言（又称身体语言）是指通过头、眼、颈、手、肘、臂、身、胯、足等人体部位的协调活动来传达人物的思想，形象地借以表情达意的一种沟通方式。肢体语言包括面部表情、头部动作、眼神、嘴唇动作等，其中微笑和手势动作是最为常用的。肢体语言表达更是演员的必修课程，不同角色在不同情况下的肢体语言也大不相同，丰富、准确的肢体语言能帮助演员更好地诠释不同角色。

广义言之，肢体语言包括面部表情在内；狭义言之，肢体语言只包括身体与四肢所表达的意义。谈到由肢体表达情绪时，我们自然会联想到很多惯用动作的含义，诸如鼓掌表示兴奋、顿足代表生气、搓手表示焦虑、垂头代表沮丧、摊手表示无奈、捶胸代表痛苦等，表达者会通过这样的肢体活动来表达情绪，接收者就可由之辨识当事人用其肢体所表达的心境。

日常生活中，肢体语言是不可或缺的一种沟通方式，比如朋友见面的握手、同事相互之间的微笑和点头都代表一种感情的交流。一个人如果缺乏肢体语言沟通，说话会变得很拘谨，而错误的肢体语言表达还会给自己招惹麻烦。

## 案例 5

第二次世界大战中,领导英国进行战争的首相丘吉尔曾做过一个手势,引发了一次不小的轰动。当时,他出席一个场面盛大而又重要的集会,当他一露面,群众便对他鼓掌欢迎,丘吉尔随即做了一个表示胜利的 V 型手势——用食指和中指构成 V 形状。做这个手势时,手心要对着观众,不知道丘吉尔是不知道还是一时失误,他把手背对着观众了,顿时有人鼓掌喝倒彩,有人发愣,有人忍不住哈哈大笑。这位首相所做的手势不是表示"胜利",而表示的是"见鬼去",是一个不尊重别人的动作。

肢体表达在日常沟通中与语言表达和文字表达起着同样重要的作用和沟通效果(见图 6-2),几乎时刻伴随着言语交际,忠实地充当着语言沟通的"志愿者",有时甚至会"喧宾夺主",独立地在语言沟通中"冲锋陷阵"。在现实生活中我们每个人都应该了解各种不同的肢体语言所表达的不同意义,并学会正确运用肢体语言。

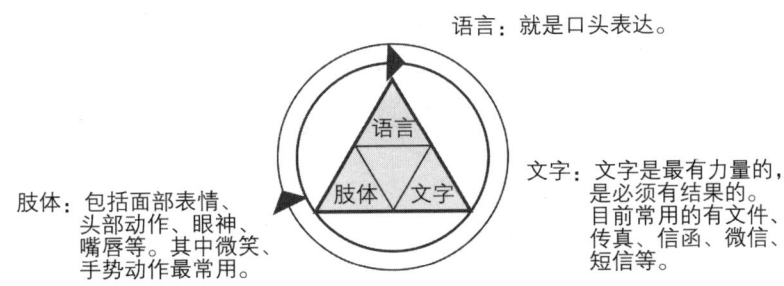

图 6-2　沟通的表达方式:"语言—文字—肢体"金三角

## 四、沟通无处不在

良好的沟通能力是事业成功和生活幸福的重要助手,因而沟通能力的高低也会成为决定人生成败的重要因素之一。沟通是一门综合运用智慧的艺术,成功的沟通需要不断地学习和勤奋地实践,而成功的人生更需要不断地、多方面地进行有效沟通，沟通无处不在。

在高速发展的今天，大千世界每天都在发生着日新月异的变化，我们每天都要接触不同的人与物，要与不同的人交流，所以沟通就显得尤为重要。沟通的方式有很多，一个眼神、一个点头、一个微笑等都可以视为沟通。"沟通从心开始。""沟通无处不在。"这是我最常说的两句话。因为这两句话道出了沟通的要诀和重要性。沟通到底是什么？接下来，我想同大家分享一个缺乏沟通的幽默故事。

● **案例 6**

从前有一对非常恩爱的夫妻，他们生活在一个美丽的小山村，每天日出而作、日落而息，日子虽然不富裕但很快乐。女人知道男人喜欢吃鱼，所以每次给男人做鱼时，都会把鱼头切下把鱼身上的好肉端上桌，而自己则躲在厨房偷偷把鱼头吃掉。日子就这样一天一天地过着，虽平淡但也甜美。直到有一天头发斑白的两个人坐在一起，男人说："我以前最爱吃鱼头了，自从和你在一起就没吃过。"女人用惊讶的眼神看着他说："而我却吃了一辈子最不喜欢吃的鱼头。"

夫妇两个彼此都认为给了对方最好的，结果却是个幸福的"遗憾"。这虽是个小故事，但它清晰地告诉我们沟通的重要性。人人都需要沟通，不论是夫妻、同事、上级还是下属，只有良好的沟通才会把事情做好。

美国管理协会一项关于"有能力的管理者应具备什么技巧"的调查显示，排在第一位的技巧就是沟通（84%）。有趣的是，排在第二位和第三位的技巧是鼓舞他人（56%）和构建团队（46%），但其实这些也是依赖于有效的沟通。而在60%的调查者中，他们都将"缺乏合作"视为他们在领导方面的最大障碍。目前，流传已久的还有一种说法，就是在企业中存在着两个"70%"：第一个"70%"是指企业的管理者实际上70%的时间用在沟通上；第二个"70%"是指企业中70%的问题是由于沟通障碍引起的。

这说明，一个领导者无论你有多么伟大的思想，但是如果无法传递给他人并被他人正确地理解,都将是没有任何意义的。做企业的二十多年里,我对于沟通深有感触,企业的良好运营处处离不开沟通。

企业管理离不开各方面的规章制度,而制度的制定和执行,需要长时间与多个部门认真研讨和商定,并进行不断修改等,这一切过程都离不开相互的沟通。想要处理好政商关系,就需要不断地与政府各部门接触和沟通,积极参与政府主持的相关会议和各项活动。

想要家庭和谐,父母子女之间就需要有效且长期的沟通,多同父母沟通,父母会说你孝顺;多与子女沟通,有助于了解孩子、教育孩子和培养孩子,能让孩子更好地成长。

以上云云,说明工作、生活中的方方面面都离不开沟通。沟通其本质就是情感交流、互通有无。这个世界沟通无处不在。

卡耐基说,如果你是对的,就要试着温和地、技巧地让对方同意你;如果你错了,就要迅速而真诚地承认,这要比为自己争辩有效和有趣得多。卡耐基的这一警句道出了正确的沟通方式,在日常沟通过程中,如果因为你自己是对的,就理直气壮,得理不饶人,会让对方很不舒服,也很没有面子,结果有可能事与愿违。当自己错的时候,首先不是真诚地承认错误,而是为错误找理由和借口甚至是无理狡辩等,这样往往招人厌烦,同样得不到自己想要的结果。下面的沟通方法是我在工作中提炼出来的,现分享给大家。

### 沟通先要学会倾听

倾听是一种艺术,更是一项技巧;倾听是一种修养,更是一门学问。善于倾听是迈向成功的捷径,要想赢在职场就要学会倾听。最有价值的人,不是那些能说的人,而是那些善于倾听的人;用心倾听他人的声音,就是对对方最好的关怀和体贴。懂得倾听,有时比会说更重要。

倾听是了解别人的重要途径,更是向别人学习的大好机会,它具有一种神奇的力量,可以让人从中获得智慧和尊重,赢得真情和信任。倾听需要专心,倾听还要学会细心观察和总结。下表 6-2 列出了倾听中需要我们注意的事项。

**表 6-2　　　　　　　　　如何倾听**

| |
|---|
| 1. 注意观察对方的肢体语言。言语发出者的语音、语调、身体姿势、手势、脸部表情等会比较丰富，这就要求倾听者多观察，了解这些因素带来的信息，让倾听更有效。听人说话，要专心致志，不东张西望，不做其他无关的事情。 |
| 2. 听出对方的言外之意和话外之音。 |
| 3. 适时表达自己的意见。沟通、谈话必须有来有往，倾听者也应适时地表达自己的意见。这样做还可以让对方感受到你始终都在专注地听，且听明白了。 |
| 4. 配合表情和恰当的肢体语言。听别人说话，要看着对方的眼睛，给对方以自信；要面带微笑，表情随对方的谈话内容有相应的变化。 |
| 5. 听别人说话，要让对方把话说完，中途不打断。 |

接下来，我们可以假设自己是下面案例中的小猫，看看思考、倾听到底对我们的帮助有多大。

### ● 案例 7

有一天，猫妈妈把小猫叫来说："你已经长大了，3 天之后就不能再喝妈妈的奶了，需要自己去找东西吃。"小猫惶惑地问妈妈："妈妈，那我该吃什么东西呢？"猫妈妈说："你要吃什么食物，妈妈一时也说不清楚，就用我们祖先留下的方法吧。这几天夜里，你躲在人们的梁柱间、陶罐边、屋顶上，仔细倾听人们的谈话，他们自然会教你的。"

第一天晚上，小猫躲在梁柱间，听到一个大人对孩子说："小宝儿，把鱼和牛奶放在冰箱里，小猫最爱吃鱼和牛奶了。"

第二天晚上，小猫躲在陶罐边，听见一个女人对男人说："老公，把香肠和腊肉挂在梁上，小鸡关好，别让小猫偷吃了。"

第三天晚上，小猫躲在屋顶上，从窗户里看到一个妇人叨念着自己的孩子："奶酪、肉松、鱼干吃剩了，如果不收好，小猫鼻子很灵，明天你就没得吃了。"

就这样，小猫每天都很开心，它回家告诉妈妈："妈妈，果然像您说的一样，只要我仔细倾听，人们每天都会教我该吃什么。"

三人行，必有我师！在高速发展和创新驱动的时代，人人都需要不断学习和进步，学会倾听，是一个提升自我的好方法，也是我们生存的黄金法则。另外，学会倾听，不仅可以让你获取更多信息甚至会有意想不到的收获，更重要的它是一种尊重他人的表现，也是一个人具有良好修养的表现。因为，谁都希望别人能够静静地倾听自己的讲话，同样别人也希望你能静静地倾听他的讲话；谁也不喜欢别人打断自己的讲话，同样别人的讲话也不希望被你打断。只有让自己站在对方的立场上，耐心听取别人的讲话，你才能赢得别人的尊重。

**沟通不能固执**

首先，我们需要回顾一下固执的性格特点。生活中有这样一类人，特别坚持自己的观点，根本听不进去他人的意见和建议，思想顽固不化，不懂变通，做事一意孤行，刚愎自用，爱钻牛角尖，不撞南墙不回头，爱与人抬杠、和别人争论毫无意义的问题……具有这种性格特征的人就叫固执，固执的人自己是感觉不到的，通常还会觉得是别人固执。

固执的人很容易受情绪左右，他们坚持的往往是自己的手段，而不是梦想，甚至他们常常没有梦想，也不会将眼光放得长远，只是受当下情绪的控制，非要按照某种僵化的方法来进行不可。与固执的人沟通是一件痛苦的事情，与严重固执的人是无法沟通、无法交流，更无法合作的。历史上固执己见导致的恶果不胜枚举。比如项羽，不听范增主张，致使对手刘邦壮大，最后自刎乌江。三国时期的袁绍，坐拥半壁江山，手握雄兵百万，依照当时的情况，他是最有资格一统天下之人；田丰谏言，希望他徐徐图之，等稳定大后方到来年春收后再与曹操一决雌雄。袁绍自以为兵力数倍于曹操，坚持马上一决雌雄，最后乌巢被烧，兵败官渡，丢掉了大好江山。隋炀帝杨广修建大运河，一定意义上也是一件为国为民的好事，可以说功在当代，利在千秋。大臣杨素谏言，大运河预估的工期最快也要50年，建之前一定要考虑民生。杨广不听谏言、不顾群臣反对，非要以最快速度修建，劳民伤财。大运河虽说提前修好了，却也迎来了"十八路反王，六十四路烟尘"……

在日常生活中，我们每个人的脾气秉性都不相同，有些人性格比较开朗活泼，遇事喜欢与人分享和沟通；但有些人生性比较沉闷内向，遇事喜欢自己瞎琢磨。那么，针对性格比较固执的人，我们究竟应该如何与其进行沟通与交谈呢？

首先，跟固执的人发生争执时，很难占上风，他根本容不得你反驳，但是如果能够抓住其心理特点，沟通就会变得相对容易一些。如果你想影响一个固执的人，一定不要把自己的观点直接展现给他，更不能让他察觉你是在试图说服他，而是要把你的意图隐藏起来，采用间接的方式，比如用请教的方式，先把他放在一个较高的位置，让其产生被重视的感觉，消除其心理上的抵抗，这样的话其态度往往比较容易转变。

另外，注意固执的人是什么样的文化程度，对于文化程度不高的固执者，提供单一信息，说服效果较好，但对于文化程度较高的固执者，则要提供较多的信息，尤其是正反两方面的信息，让他自己去分析。

与固执的人沟通，还有非常重要的一点就是尽量先赞美他，使其处于开心愉悦的状态，开心愉悦的状态是与其沟通的良好时机。比如：昨天在和您的谈话中受到启发，我想这件事这样办，您看如何？我今天受您某件事的影响顿悟了，感觉这件事应该这样办，您看如何？

在日常沟通中，对于无关紧要的结果，我们一定不要过度坚持，要学会变通。当你坚持己见却遭遇众人反对的时候，要先想想，你是在坚持自己的目标和方向，还是被情绪左右正在坚持着某种固执的手段？分清执着和固执，更有助于我们作出正确的选择。当你坚持己见却遭遇众人反对的时候，还要想想：固执是性格的一条"高压线"，我是不是固执了？我是不是要先听听别人的建议之后再作出决定？

**沟通要学会忍耐**

中国人做事讲究因果。其实世间万物也都处在普遍的因果联系之中。善有善报，恶有恶报，你付出多少就能收获多少。一个家庭能够常做好事，后代子孙一定福报、庇佑多。但如果你偷奸耍滑，喜欢做缺德事，就算现在再怎么聪明、再怎么富贵荣华，将来后代子孙也必然会遭受灾祸报应。

我父亲今年94岁，曾经教育我："我这辈子几十年来，因果报应的事情也看过不少，很多都是现世报。错事干下去，没几年光景便自食恶果，惨兮兮的。"从小母亲也这样教育我："做人要使三分，用三分，留下三分给儿孙，聪明伶俐都用尽，留下儿女不如人。"也就是说凡事都是有因果关系的，做人要给自己留有余地。

在做企业的日子里，除总结出做人做事具有因果关系外，我还感悟到沟通同样具备因果关系，而且得出了"**沟通是最简单的因果关系**"这一基础论断。悟到这一点，对我做人、做事、做企业的影响和帮助是非常大的。我明白了如何去和别人沟通：你想得到什么？沟通中你强他也强，你弱他也弱。你在沟通时不冷静，对方就一定会和你吵起来；沟通中情绪过于激动，必然招惹祸端。如果你想开心愉快地与对方沟通，你就需要先选择心平气和的沟通方式，因为这样做一定能让你心满意足。当我发现了这个"奥秘"后，也得出了一个这样的结论："沟通要学会忍耐，要管好自己的脾气、管好自己的嘴。"如果你真正做到了这些，可以说通过沟通，你得到的结果都是你想要得到的。做企业的这些年里，我几乎没有跟其他企业闹过不可调和的矛盾，也很少对员工发过脾气。

### 案例 8

2016年6月，汇金集团旗下汇金智能装备公司给某家水泥厂供了一台燃烧器，先期预收了30%的货款，合同约定使用达标后再付60%的货款，剩余10%作为质保金一年后支付。按照惯例，一般15天即可达到调试效果，可是由于对方设备系统的问题及原料、燃料未预均化等原因，始终难以达到预期效果。我们先后派出3批调试人员，历时100多天进行全程跟踪服务，日夜调试仍然未达到对方的要求，无论我方如何解释，对方始终认为效果未达标就是因为我们设备的问题。到了2017

年7月,事情仍无任何进展,双方相互之间产生了些不理解,我们年轻的业务人员因长期为其服务又拿不到货款(因没回款就没有业务提成),表现得较为急躁,对方也有些冲动,眼看合作已无法再继续下去。部门领导汇报了此事之后,我当即决定亲自去与对方董事长沟通一次。

第二天一早出发,300多公里的路程我上午10点前就赶到了,李董事长接待了我们。刚一见面时,李董事长的面孔是严肃而拘谨的,是认为我们肯定"来者不善"的。但几句寒暄过后,这位董事长脸上渐渐流露出了轻松的神情,面容上有了些许微笑。后来我才意识到这次会面就是真正意义上的"破冰之旅"啊。

当时,我一进门就微笑着问候李董事长,并承认自己的设备没有在他的生产线上用好是我们的问题,对此深表歉意。不过我也表示这不是我们的初衷,我们连续为贵厂服务几个月,随叫随到,而别的厂都是十几天就结束了,这也充分表明了我们的诚意。随后,我又委婉地表达了这样的想法:"我们其实很想调试好,但贵厂几个亿的设备若运行不顺,靠我们一台几十万的设备也是无能为力的。"听完后,李董事长表示:"你们的服务'随叫随到'这一点真的不错。"他的这句话打开了沟通的契机,再往后,我们之间的沟通越来越顺畅起来。就这样,双方友好地处理了欠款问题,使得两个企业又恢复了正常的贸易往来,同时我与李董事长因为志趣相投也成了好朋友。

这次沟通成功的关键,就是遵循了沟通是最简单的因果关系的逻辑。所以,在我们做任何沟通之前一定要想清楚你想要的究竟是什么样的结果,而且还要学会忍耐,为了我们想要的结果,控制住自己的脾气,管好自己的嘴,养成心平气和说话的好习惯。

## 五、沟通是一种智慧

一个在沟通中能控制住自己情绪的人,比一个能拿下一座城池的人更强大。下表6-3中所列的就是日常沟通中的技巧。

| 表 6-3 | 日常沟通中的技巧 |
|---|---|
| • 水深则流缓，语迟则人贵。<br>• 没把握的事，谨慎地说。<br>• 没发生的事，不要胡说。<br>• 做不到的事，别乱说。<br>• 伤心的事，不要见人就说。<br>• 急事，慢慢地说。<br>• 夫妻的事，商量着说。<br>• 孩子们的事，开导着说。<br>• 小事，幽默地说。<br>• 喜事，早说；囧事，缓说。<br>• 假话不说，真话不全说。<br>• 伤害人的事，不能说。 | |

能说，是一种能力；会说，则是一种智慧。见什么人说什么话，该说的说，不该说的就需要暂时做保留。

**情绪波动时切忌沟通**

一个人情绪波动时不要和任何人做任何形式的沟通，更不要打电话沟通。冲动时无论选择什么样的沟通方式其结果都是事与愿违的，原因就是沟通是最简单的因果关系。所以，当我们了解和掌握了这个道理，就完全占领了沟通的"制高点"。

**沟通必须心平气和**

沟通时，良好的情绪氛围也是必不可少的。愤怒的时候，怎么能够停下来真诚地进行沟通？两个人的沟通情绪不对，内容就会被扭曲。有满腹的心里话，因为没有良好的情绪，说多了反而变成了情绪的宣泄。内心不平静，心里想着一定要多沟通，但在语调上却阴阳怪气的，不了解情况的人还以为是在挑衅。冲动时沟通，脾气比谁都大，别人会认为是在吵架。沟通要心平气和，要有诚意，语速平和，语气诚恳；沟通时一定要调整情绪、控制脾气，特别是与家人沟通时，千万不要把最坏的情绪带给最爱你的亲人；不要因为亲人离我们最近，而第一个选择伤害他们。为什么有些人事业成功、生活轻松快乐，而有些人则天天拆东墙补西墙，整天忙个不停？这其中的原因就与不会说话、不会沟通有直接关系。因为，会沟通人人帮你，不会沟通人人"害你"!

### 传播正能量

1. 不说假话

生活中与人沟通一定不要说假话，一个人敢说、能说、会说，不如实话实说。说真话、办实事最终会受到他人的尊敬和认可。有些人为图一时之快，为了自己的面子说些自作聪明、冠冕堂皇、与事实不符的话，终究会被时间所揭穿。如果你一旦被别人贴上爱说假话的标签，那么今后你再说的话，谁也不知哪句是真、哪句是假。久而久之就会失去大家的信任和做人的好口碑，结果只能给大家留下一个"不靠谱"的印象。这样，不仅会让人慢慢疏远你，也会使自己的发展之路变得越来越窄，甚至到最后无路可走。

2. 背后不说他人坏话

背后说人坏话的人心理往往是阴暗、脆弱、扭曲的，这类人会有很多心理上、生活上的问题，他们不敢面对，同时又因为没有能力解决，只能通过背后贬低、诽谤别人来释放反面情绪而获得快感，更想以此减轻内心的压力、焦虑、恐惧，提升自己的价值感，获得自我认同感。有的人是因为嫉妒某人拥有自己很想拥有却得不到的，因妒生恨，或觉得那个人的某方面威胁到自己的优越感，就想打击他、搞垮他。有的人则因为容不下别人和自己不一样，想孤立那个人。有的人是不敢当面说，背后却添油加醋、无中生有地造谣滋事、泄私愤。有的人自己没有什么正经事可做，也不想为什么事而努力，又见不得别人努力，因为无聊没事做，所以要找事做、说别人的不是等。

然而，这些"病态"的"解决方法"是不可能达到目的的，有时甚至适得其反。有阅历、看人有眼光的人，一眼就能看出说坏话的人是怎样的人，他说坏话是什么意思、出于什么目的。至少会对他的说法存疑。而当别人弄清真相后，背后说他人坏话的人的形象也会大打折扣，大家都不会轻易再和这种人接近，不再信任他，因为别人也怕他在背后说自己的坏话，这样的人处境是很艰难的。所以，背后说别人坏话的人是麻烦和矛盾的制造者，说别人坏话更是生活中的一个坏习惯，这样的人、这样的行为终究会被朋友所抛弃。

3. 切忌传播负能量

传播负能量就是常说的嚼舌头根子的事儿，张家长李家短的，既伤感情也不利于团结，也是挑起事端的源头。传播负能量弊大于利，不利于团结，不利于合作，更不利于发展，损人而不利己。

社会毕竟还是充满正义感、正能量的人占大多数。一旦养成传播负能量的习惯，身边必然会失去大多数人的支持和拥戴。所以，一个人光凭努力是没有用的，修身才是第一位！

4. 平时不说消极的话

一个人消极的话说多了就会带来负能量，也会影响自己工作的积极性和自信心。最终令自己失去很多能够帮助自己事业成功的朋友。

5. 张口不说脏话

爱说脏话的人会招来大多数人的嫌弃甚至是唾弃。如果说的脏话没有针对谁还好些，假如针对谁说了脏话，或者别人认为是在说他，那么就会变成严重伤害感情的事情。

### 案例 9

一次，我在福建水头同金刚石工具行业的朋友们交流期间，结识了一位陆姓老总。陆总年届50，比我大两岁，他对我说："我年纪大了，企业不想再发展了。"我听后对陆总说："人生事业发展的黄金期是45~60岁，我们奋斗了二十多年，现在才刚刚进入事业的黄金期，我觉得我的事业才刚刚开始。陆总和我们都是一样的，拼搏了这么长时间总算有了发展经验和事业基础，如果我们就此收手不仅愧对自己，也愧对家庭，更愧对社会所赋予我们的责任。"……一年之后，再见到陆总时，只觉得他更加意气风发了。他一见到我就说："郭总，感谢你去年为我传播的正能量，使我对企业发展再树雄心，今年我又新添置了机器设备，计划扩大产能，打算再大干几年。"

说话要传播正能量，这样说话会给别人带来帮助，还会受到别人的尊重。在这个事件中，我为陆总传播的就是正能量，正能量传递了生机与希望。相信今后我有求于陆总时，即使他不能倾囊相助但也一定会助我一臂之力的。

### 拒绝接收负能量

我们的好心情和情绪怎能让别人去左右呢？而且你一旦听了负能量的话，接受了负能量的传播，相信了负能量，就会给你带来一定的负面影响，轻者影响心情和工作情绪，重者产生误会和矛盾，从而会扰乱原本正常的生活节奏。接受负能量只能为自己带来更多的麻烦。所以，一定不要给负能量任何传播的机会。

一次聚会时，我就曾接收到了这样的负能量，有人说，荣勋，你身边的某某人酒后说你的坏话。这样的话就属于负能量的话，他对我就传播了负能量。我对于这样的负能量首先是不相信、不接受，更何况是酒后。其实我们仔细分析一下，首先这种负能量我们并没有亲耳听到，其次又没有亲眼所见，怎么能够相信？对此类事情我有个明确的认识标准：酒后说我坏话的人，要看他是什么人？值不值得去计较？这类人一般都是不靠谱之人，不值得你去认真，更何况又没当你面说，只是道听途说而已。中间传播负能量的人（带话的人）不是在帮我而是别有用心，此人最可恶。所以，我们拒绝接收负能量是一种良好的生活习惯，具备这种良好的习惯，会使我们的心境恬淡，也不会轻易被别人所干扰和影响，久而久之身边就少了很多"惹是生非"的人。

### 多说正经话，少说玩笑话

一个人玩笑话说多了，最终会使大家不知道你所说的到底哪句是真哪句是假。久而久之会失去信义，大家都不会再相信这种人。更为严重的是，一旦养成说玩笑话的不良习惯，自己做事会变得更加草率、不认真、不严谨，从而对自己的工作和事业产生影响。

## 六、沟通的窍门

演讲有方法，沟通有窍门。只要我们多思考、多总结，牢记沟通的方法和技巧就会准确掌控和把握沟通的"度"。

### 微笑说话，吐字清晰，保持距离

你要把想表达的内容口齿清晰地传达给对方，特别是重要内容的表达。如果表达不清晰，让别人听不清、听不懂，就等于没沟通。任何让别人听不懂、听不明白的表达都是自己的失误。

另外，平时与人说话要保持适当的距离，这个既安全又舒适的距离一般要保持在1.5米以外。千万不可在沟通时别人退一步，你再跟一步，这样会造成比较尴尬的局面。

### 沟通要有见地

我经常教育员工一定要三句话说到重点，不能婆婆妈妈。你沟通的目的是什么？想要达到什么结果？沟通表达一定要围绕着目的和结果去说，切不可因为一点小事就长篇大论、漫无边际地说，这样最直接的损失就是浪费大量的宝贵时间；沟通切忌说一些与内容无关的"废话"。否则，你还没说出重点而听众已早没有再听下去的兴趣了。

"沟通要有见地"的意思是指对事物要有深刻、全面的认识，能够高出人们一般的理解。这是要建立在丰富的经历和体会的基础上，并由简约的形式表达出来。

### 演讲的"万能套"

在大部分场合，演讲都可以用同一个套路和方法，使演讲者没有压力，轻松完成自己的演讲任务，这就是我接下来要讲的"万能套"——

"今天,昨天,明天"。大家演讲时可以直接按照这个顺序,使演讲内容有序不乱,同时也可以帮助听者理解演讲的重点(见表6-4)。

表6-4　　　　　　　　　演讲的"万能套"

- 今天:就是今天(现在)活动的主题(目的),也就是演讲开始时能够紧扣主题,让听众以最快时间了解演讲者想表达的主要内容。
- 昨天:就是你要表达的主题,过去是什么样子的,陈述过去的发展经历或精彩的瞬间。
- 明天:就是你想表达的主题,通过大家的努力,明天能变成什么样子,即展望一下美好的未来,给大家一些坚定的必胜信心。

演讲的"万能套",虽然不是所有的场合都能用,但一般场合都是可以通用的,它便于不同层次的人员快速掌握演讲的技巧,其具体优势见表6-5。

表6-5　　　　　　　　使用演讲"万能套"的优势

1. 可以根据自己的时间,掌控自己的演讲。
2. 把想说的话放在合适的位置,做到心中有数。
3. 可不带文稿简单发言,并且思路不会轻易被打乱。

除此演讲"万能套"之外,还有一个非常重要的技巧就是:"演讲时不说假话,真话不全说!"这句话的意思是说,演讲时要说真话大家才爱听,但即使是实话、真话,也不要跟人全盘托出,要留几句,要掌握其中的分寸。这是演讲成功的关键所在。

### 事实比观点更重要,少用命令式语气

日常沟通中,要重视事实,因为事实要比观点更重要。

- 案例10

有一个人上公交车,正巧车门关闭,这人就跟着公交车一起跑,边跑边喊:"停车,停车!"司机听到喊声就是不停车,心想:"车已经开了,后面马上会来一辆车,你就别喊了。"不久就听到追车的人说:"车

门夹住包了。"司机听到后立马就停了车。

平常沟通的时候，尽量少用命令式的语言和语气，因为人人都有自尊心，需要别人的尊重和认同。命令式的语言任谁听了都会觉得不舒服。人人需要平等，用命令式的语言说话会给别人带来压抑感。有些人习惯用"指导性语言"去教导、指正别人，他们不管自己懂不懂，也不管自己做得好不好，就习惯指导别人该怎么做。虽然，有时"善意的指导"确实对别人有益，但动不动就以这种态度来指正对方，一定会引来别人的反感。例如，有位中学女老师离职后，转任其他行业做业务员，由于当过老师，她在与同事、客户说话时，时常不自觉地说："我这样讲，你懂不懂？"或"你能明白我的意思吗？"后来，有个男同事对她说："我们是你的同事，不是你的学生，拜托你讲话时不要一直问我们'懂不懂'好不好？好像我们都很笨的样子。"可见，"指导性语言"如果用得不恰当或用得太多，就会变成"批评"，甚至是"找碴儿"。因为指导性语言通常带有"上对下"的教训口吻，有违平等交流的原则，会让对方感到不快。不管是名流显贵还是平民百姓，作为交谈的双方，都应该是平等的关系。

### 得倾听

有些人性格张扬、爱表现，说起话来没头没尾，别人根本插不进话，他一直不停地说，就是不懂得也不会倾听别人讲话，这样不仅会惹周围人的反感，更不会得到大家的认同。关于倾听的方法，表 6-2 已为大家进行详细介绍，这里就不再赘述。

### 会反馈

反馈是工作沟通的一种形式。反馈，简单说来就是对工作执行、落实进程的闭合，是执行力中的一个重要因素。及时、高效地反馈能体现一个人的工作态度，可以增进沟通，使双方信息对称，减少工作过程中不必要的曲折与延误，从而大大提高执行的效率。

平时接受任务不详细也不是特别清楚时，我们就要再找领导把事情问个明白；任务完成后一定要及时给领导汇报，任务完成一个阶段也要定期勤做汇报。给领导汇报的过程也是跟领导学习的过程，任何事情都在不断变化，这就需要不断地反馈，领导也会随时根据情况变化而作出计划调整，从而避免失误。如此简简单单一个反馈习惯就很能代表一个人的工作能力，往往性格谦虚的人在这方面就做得比较好。

### 与孩子沟通的小技巧

成人如何与孩子沟通？有四种方法大概常常用到，见表6-6。

表6-6　　　　　　　　　与孩子沟通的方法

1. 蹲下身子与孩子沟通。
2. 把孩子抱起来沟通。
3. 用孩子的语言同他沟通。
4. 教孩子用自己的语言沟通。

这四种方法也是四个步骤，折射出了沟通的原则，即沟通需要平等和尊重，需要谦虚和低调，同样也折射出成功做事的沟通方法。1989年，我在农村时发生过的一件事让我至今难忘。

### 案例 11

荣耀哥是我本村同辈的哥哥，是吃商品粮的，在开封县粮食局上班。因家里有地，他每年农忙季节都会请假回家帮忙干活。那个年代农村的生产工具很落后，特别是收麦子用的收割机和打麦机更是一机难求。我们家当时劳动力少但地多，每年都因等打麦机而影响不少的农活儿。1989年，我和父亲决定凑钱买一台打麦机，自己有机器了想什么时候用就什么时候用，省得在收麦季节农活儿再受影响。

一天早上，荣耀哥来到我家，我和父亲都猜到了他的来意，想借用我们家的打麦机。当时我和父亲的想法都是一样的，自己买的新机器就是要自己图个方便，我们自己还没用，不能随便借给他。可是，荣耀哥毕竟是在县里工作过的,他坐在我家没说几句话,我父亲就答应借给他了,而且我也无话可说。至今我一直佩服他的沟通能力。

荣耀哥来到我家,先蹲下来和我父亲聊了很长时间:"大伯,您今年买这东西好啊,收麦子可不用发愁了,多省事啊,自己买的机器想什么时候用就什么时候用,真方便!再也不会因借不来机器而耽误事儿。"父亲说:"是啊!今年就不怕了。"过了一会儿,荣耀哥跟我父亲又说:"大伯,我有个困难事。您看我假期短,明天一早就上班了,我走了家里就剩我爱人一个人了,也没个帮手。我这几亩麦子,用不了几个小时就打完了。大伯您看,我今天夜里用一下打麦机,明天一早就还给您,保证不耽误您家用,您什么时候要我什么时候还。"碰到这种场景,荣耀哥又是这么一番话,既说出了实际困难,又消除了我们的后顾之忧,他的麦子也的确不太多,夜里是能打完的,从时间上来看也不影响我家用。其实我和父亲都知道农忙季节变数很大,到期不一定能还回机器。

但父亲身为长辈也只能说:"那好吧,你快点用,我们明天一早也要用呢。"就这样我和父亲在那个"一机难求"的年代,眼看着自己新买的机器自己还没用呢,就先被别人拉走用了。荣耀哥说是晚上就能用完,事实上由于各种原因直到第二天中午才完工,还是耽误了我们一上午的时间……

### "实境"体验沟通

生活中我们应该如何与人沟通?又如何让沟通帮助我们达到最佳效果呢?

1. 如何与客户沟通产品涨价

王总,我们是老关系了,您平时很照顾我,我非常感激!我也知道你们的产品利润不高,很理解。但是我们经理催我多次让我给贵厂涨价,我都没好意思说,今天财务又通知我了,说我卖给您的产品毛利润是全公司最低的,您看您能不能帮帮我?我们财务要求每吨上涨500元,我给财务解释了我们的合作关系,最后财务答应每吨上涨300元,您看可以吗？我实在是顶不住了。

给客户沟通产品涨价，以上也是一个可以尝试的方法，总比开门见山说涨价要合适得多。

2. 如何与客户沟通催要货款

王总，做老板真不容易，谁都有资金紧张的时候。我和咱们企业是多年要好的关系了，与您合作我是最放心的。不过年底了，财务天天催我，我都和他们急眼了，今天是实在没辙了，请您理解我一下，上月还有50万元的货款没到，麻烦您再想想办法吧。

沟通要记住一个技巧：“**不说错话，不说假话，按顺序和逻辑说话。**”沟通一件事要把对自己有利的"点"按照顺序心平气和地讲给对方，这样更有利于说服对方。

3. 如何与老板沟通给自己涨工资

先不要说自己的工资低，要先说当老板有多不容易，知道老板给自己的工资不少了，等等。不过现在消费高了，房租、水电等费用每月都在上涨等，所以，老板能否多给我们安排一些工作，适当考虑上调一些工资……这样沟通比直接要求老板涨工资要有效得多。

## 沟通是金

世界上有很多难以翻越的冰川，人与人之间的关系有时会一度感到冷淡，但当饱含着真情的沟通如花儿般向你微笑时，你的生活就能瞬间如沐春风。对于这句话，我深信不疑。在近三十年的经商生涯中，我发现企业与员工之间、员工与客户之间以及企业与企业之间都有很多问题，而这些问题只要及时沟通就能迎刃而解。沟通除了能解决企业内部问题之外，还能最直接地为企业带来经济效益。

我对沟通之重要程度的真实理解是："**沟通是金，沟通是银，沟通是人的魂！**"以我们公司为例，2014年7月的一个星期，小小的两次沟通让公司节省融资成本近20万元。

### 案例 12

为了晾晒原料,工厂有位领导建议搭建一个面积在 1000 多平方米的阳光房,建这个阳光房投资不大,大概需要 50 多万元,于是在那天的会议上,我也表态同意了。到了第二天,我感觉昨天的决定有些草率,应该再次召集大家对此事进行认真沟通,看看到底是否真的需要建?建多大面积?什么时候建?投资多大?经过再三认真沟通评估,大家一致认为暂时还没有必要搭建。结果,建阳光房的计划推迟到 3 年后才实施,因此少占用企业资金 50 万元,按照融资成本年化 10% 计算,3 年直接节约融资利息 15 万元。

### 案例 13

公司铁合金项目大约有 200 多吨小颗粒磷铁长期积压在仓库,不仅占用库存空间而且还占用公司资金成本,于是我召集铁合金项目全体业务人员共同商讨解决方案。在有效的沟通中,大家终于想出了处理的办法,在之后短短的一个月内处理了这 200 多吨磷铁库存,不仅解决了长期积压库存的难题,而且还开拓了以后的产品销售渠道,更直接为铁合金项目腾出了 40 余万元的流动资金和 4 万元的融资利息(按照年化 10% 计算)。

这充分说明了企业沟通的重要性。都说企业管理中的"跑、冒、滴、漏"比年利润还多是有一定道理的。杜绝"跑、冒、滴、漏"现象,提高企业经济效益,有效沟通是最有用的措施之一。

## 七、"硬沟通"工具"2213"

一个普通的销售员如何尽快出业绩呢?除了依靠自己勤奋努力之外,能否有一个固定的模板供大家照着做呢?人天生都是有惰性的,有些人不习惯主动与客户沟通,办事拖沓;还有些人不知道如何利用好有效的时间去与客户沟通……通过经验总结,针对如何与客户沟通这一问题我总结了一套沟通模板,也叫作"硬沟通",即"硬沟通"工具"2213"(见表6-7)。它要求每个人按规定时间与身边的关键人物进行沟通,关键人物有客户、领导、同事、父母、兄妹、爱人、子女、朋友、邻居等。销售的"硬沟通"工具"2213"特别适合销售人员与客户的沟通。

表 6-7　　　　　　　　销售的"硬沟通"工具"2213"

- 第一个"2":保证上午要用大约2个小时的时间与客户进行有效沟通,包括推销产品、催要货款、联系业务等。总之,业务人员想达到任何合作的目的都要第一时间与客户保持有效沟通,比如在上午9点~11点之间进行业务联络。
- 第二个"2":下午要用大约2个小时的时间与客户保持有效沟通。
- 第三个"1":对于那些白天工作较忙,沟通或接听电话不方便的客户,每天晚上要坚持大约1个小时的时间,保持与其进行有效的沟通。
- 第四个"3":每天要有3个小时的时间保持和单位领导、同事(包括朋友)、家庭成员等进行正常工作和生活方面的沟通,从而达到信息互通、感情互动等效果。

比如,我们每天要给领导汇报自己的工作进度。几分钟的简短汇报,让领导了解我们的工作进展,同时我们也能及时领悟领导的最新工作安排和变化,从而提高工作效率和学习效率,包括同事间的交流等,这些都有利于自身的成长。家庭方面,也要经常沟通,比如我们与父母的关系,不只是给父母些生活费就行了,父母更愿意多了解子女的工作和生活等,他们最需要的是子女的陪伴和相互之间的沟通。

作为一名销售人员,平时坚持"2213"这个"硬沟通"工具,对自己的销售工作有很大的帮助。我们集团2017年度销售冠军赵园园,在公司年度总结暨身股分红大会上发言时说道:"我能够取得今天的好成绩,取决于平时掌握了'2213'硬沟通工具的要领,按照工具的要求我每天坚持与客户保持有效联系,随时掌握客户的需求,第一时间作出正确决策,这才促成了我与客户签单的成功。"

今天我把销售的"硬沟通"工具"2213"送给做过和正在做销售的

章节六　"八项注意"之沟通　　99

朋友们，但愿能给大家带来帮助。

## 八、沟通口诀

通过细致研究，我对沟通有了更新、更深的认识，了解了沟通在日常工作中的重要性，并得出了沟通占一个人人格魅力的18%（赞美与称呼都属于沟通），也见证了"沟通是最简单的因果关系"，掌握了沟通的技巧和方法以及沟通的顺序等。我一直在思考能不能总结一个可以运用于沟通最为常用的方式和口诀，以便让更多不擅长沟通的人在任何情况下都可以利用这个口诀进行沟通，从而起到事半功倍的效果。

于是，我开始认真分析沟通的诀窍，一个人怎样说话才能让别人容易接受？经过总结我发现，这其实很简单。既然我们说到沟通是最简单的因果关系，是"种瓜得瓜，种豆得豆"的关系，这就要求沟通者说话时需要用低调和平等的态度，才能使对方容易接受。同时我们尤为需要注意的是，冲动或情绪波动时不要去沟通，否则会收到与之相反的沟通效果。所以，只有心平气和地沟通，对方才能舒服地接受你的观点；只有对方心情好的时候，才最容易接受你的观点。如此分析之后，我就得到了沟通的口诀：**适度赞美、平等低调、心平气和。**（见表6-8）

表 6-8　　　　　　　　　沟通口诀

- 适度赞美：赞美的话人人爱听，它能瞬间拉近彼此的距离，能以最快时间使相互之间的感情升温，提高沟通的接受度。
- 平等低调：平等低调会使对方有一种被尊重的感觉，沟通是因果关系，沟通时，你以礼相待，对方也会以礼相待，气氛融洽自然就会很好沟通。
- 心平气和：通过和善、友好的方式，提出客观事实，讲出自己的道理，这样有利于他人快速接受你的观点。

我于2013年总结出的沟通口诀，现已广泛应用于公司的工作、日常管理和客户沟通中，并取得了很大的成效。沟通时如果能够活用沟通口诀，你想要的，"时间"一定会给你。

# 章节七 "八项注意"之谦虚

## 一、关于谦虚

谦虚即虚心、不骄傲,既不夸大自己的能力或价值,也没有虚浮或自负的思想,是一个人在有信心地作出决定或采取行动之前,能够主动向他人请教或征求意见的习惯,是不耻下问、不骄不躁、不吝赐教、不露锋芒,更是诚实谨慎、洗耳恭听、多多指教、功成不居、虚怀若谷、学而不厌……如此谦谦君子也。

《周易·谦卦》曰:"谦谦君子,卑以自牧也。"谦虚之所以可以形容君子,主要来自于其本身品性高尚,对性格有良好的管控力,既谦和又自律。但能做到时时谦虚确实不是一件容易的事情,因为谦虚多与一个人的能力相关,一般说来,能力较强的人对谦虚的理解和意识就会稍微弱些。

谦虚的性格习惯对人生有多重要?大家一般认为与谦虚相对的性格无外乎有两种情况:要么过度谦卑,要么一味傲气。而我们所谈的谦虚是一种"中庸"境界。诚然,生活中过度谦卑是绝对不可取的,这样容易影响自己能力水平的展现;而完全忘掉谦虚的人就会直奔傲气的"领地",更不利于工作和生活。故而,谦虚难就难在能否把握好其中的"度","度数"过低会自卑,"度数"过高同样容易偏离,从而形成性格傲气。我在总结《性格与修身》的过程中得出,谦虚占一个人人格魅力的5%,也可以说谦虚占一个人能力的5%。为人处世过程中,谦虚是我们最常用的一种能力和技巧。

谦虚使人进步,骄傲使人落后。虽然人人都知道谦虚的品性好,但到底好在何处,很少有人去研究、总结。下面我用一个"取水理论"来阐述做人为什么谦虚好？为什么谦虚的人更容易成功？

### 案例 1

有两个人一起去拜访朋友，一个叫作谦虚，另一个叫作傲慢。朋友分别给两位倒了茶，当朋友为谦虚添茶时，谦虚很礼貌地双手端起茶杯，以低姿态等待着朋友的服务；当朋友要给傲慢添茶时，傲慢不是以合适的角度端起茶杯，而是将茶杯高高的举起。

这个"取水理论"在现实生活中折射出了一个道理，就是做人一定要谦虚低调，好比别人为我们倒茶，我们端起自己的茶杯时，要懂得放低自己的身段，懂得为别人考虑，尽量为他人提供方便。这样，不仅与人方便，更与己方便，才能正常地"取水"。这就要求我们在生活中要做个谦虚的人，让大家都可以帮助到我们，人人都有办法去帮助我们，甚至可以得到来自四面八方朋友的鼎力相助。这就是为什么谦虚之人做事成功率会高的原因；相反，一个傲慢的人，平日做事无所忌惮，一味高调，从来不顾及他人的感受，不会主动为他人考虑，甚至有时还看不起别人，这就会如故事里说的给傲慢倒茶一般，别人想帮他"倒茶"也倒不进去，久而久之，傲慢只能落下个一事无成的悲惨结局。

做人谦虚低调，犹如"取水理论"，奥秘也就藏身于此。

## 二、懂得谦虚法则，"落幕"亦精彩

### 说话不可伤人自尊

自尊心人皆有之，讲话要有分寸、要用心交流，不要轻易伤害他人。即使关系再亲密，也不能拿朋友的缺点开玩笑，不要以为你和对方很熟悉，就能随意取笑对方的缺点、揭人伤疤，那样会伤及对方的人格和尊严。

### 待人要谦和有礼

当我们面对别人的赞许、恭贺时，应懂得谦逊有礼，这样方能显示自己的君子风度，淡化别人对你的嫉妒心理，维持和谐、良好的人际关系。礼让不是人际关系上的怯懦，而是把无谓的攻击降至最低，说话、做事懂得礼让是沟通中良好的性格习惯。

曾经有这样一个人，在单位是公认的能力强并能为领导分忧的人。但他习惯对别人指指点点，横加责备，这令大家心中尤为不快，时间久了他的亲和力彻底"沦丧"，大家对他的好评度也大幅降低，为此，严重影响了他的进步与发展。

### 得意不要忘形

得意时要少说话，要多考虑身边大多数人的感受，而且态度要更加谦卑。"加冕荣誉"原本就很容易遭到他人的羡慕和嫉妒，假如一不留神得意忘形，定会遭到部分人无谓的"攻击"，要知道自然流露出的谦卑、低调才会赢得周围人的敬佩。

有位企业家曾说过，当你经过千辛万苦使你的产品打开市场的时候，你最多只能高兴5分钟，因为你若不努力，在第6分钟就会有人赶上你，甚至超过你。所以，当你被上司提升或嘉奖的时候，还会肆无忌惮地自鸣得意吗？如果是，那你就要好好学一番有涵养的功夫，把你那因嘉奖而引起的过度兴奋镇压下去才好，真正做到如范仲淹所说"不以物喜，不以己悲"的良好状态。你所草拟的一生计划，是非常伟大的，但在你没有达到这个伟大目标之前，中途的一些成就，可以说是微乎其微的小事儿。也许在你实践其中的一步小计划时，一着手就大受他人夸奖，但你必须对他们的夸奖一笑置之，仍应埋头苦干，直到将隐藏在心中的大目标完成为止，那时大家对你的惊叹将远非起初的夸奖所能及。

美国汽车大王福特曾说过，一个人如果自以为已经有了许多成就而止步不前，那么他的失败就在眼前了。许多人一开始奋斗得十分起劲，但前途稍露光明后，便自鸣得意起来，于是失败立刻接踵而来。

石油大王洛克菲勒说，当我的石油事业蒸蒸日上时，每晚我睡觉前总会拍拍自己的额头说，别让自满的意念搅乱了你的脑袋；我觉得我的一生进行这种自我教育，益处很多，因为经过这样的自省后，我那沾沾自喜、自鸣得意的情绪便可平静下来了。

一个人的伟大与否，是可以从他对于自己的成就所持的态度上看出来的。人生处在顺境时，最容易得意忘形，乐极生悲，终致败象滋生。自古就有"月圆则亏，水满则溢"之说。所以，做人千万要谨记得意不能忘形。

### 说话别自惹麻烦，记住"祸从口出"

在企业内部，要想保持心情舒畅地工作、同事之间关系和睦、与领导关系融洽，那就要多注意自己的言行。姿态上低调、工作上踏实的人，常常会与同事精诚协作，遇事好沟通并能快速赢得众人的好口碑，领导也更愿意培养他们。不是他们幸运，而是谦虚的性格使然。

"病从口入，祸从口出。"吃东西时谨防病从口入。那么，说话亦是如此，尤其是在不熟悉的环境，更不要口无遮拦、随意乱张嘴，以致"引火烧身"。

● **案例 2**

公元前 206 年，项羽大摆"鸿门宴"，宴请刘邦。当时刘邦的军力羸弱，而项羽却如日中天，双方实力不均，刘邦只得低头向项羽"称臣"，项羽似乎得意过头，竟口无遮拦地告诉刘邦："你左军司马曹无伤举报说你有政治野心？"刘邦假装诚惶诚恐地表示道："我哪里敢，这家伙，玩笑开大了吧？"刘邦回去后第一件事就是杀了告密的内奸曹无伤。如此项羽将自己的间谍直接暴露了，以后谁还愿做他的内应？

### 口出狂言者易遭祸端

说话不注意方式，口出狂言属于性格傲气、冲动的表现，这种人一般考虑问题比较简单。"口出狂言"有两种不同解释：如果成功了就是对自己的充分自信，相反就真的是口出狂言了。口出狂言的人常常让人感到不舒服，进而导致别人对他的不认可。记忆中我曾多次验证生活中口出狂言说大话给自己带来的不快。年轻时我说过这样的话："我的身体好，很少感冒。"结果自己近期必然感冒。这已是大概率发生的事，相信不仅是我，大家可能都有过这样的经历和遭遇。

口出狂言遭祸端，下面就有一则这样的故事。

### 案例 3

泰坦尼克号是一艘1912年英国建造的当时世界上最大的远洋客轮，以其极致的豪华、舒适而著称。这个新造的邮轮下水不久，就开始了她的处女航，计划从英国出发，途经法国和爱尔兰海域，横跨大西洋，驰往美国纽约。在启航前，有人问总工程师托马斯·安德鲁斯，这次航行的安全是否有保障？他带有讽刺的口吻回答说："上帝也没有能力使这艘船沉没啊。"结果意外的事故果然发生了，由于船长的失误，这艘空前的巨轮于1912年4月14日夜间在大西洋上与冰山相撞，船身被折成了两截，最后沉入海底，成为史上最惨烈、影响最深远的一次海难。

口出狂言遭祸端的例子其实还有很多，也很灵验。一个个活生生的例子告诫我们，说话、做事养成谦虚、低调、严谨的习惯，才能行之久远。

### 莫逞一时口头之快

凡事三思而后行，说话也不例外。在开口说话之前要思考，确定不会伤害他人再说出口，才能起到一言九鼎的作用，才能受到别人的尊重和认可。小时候母亲曾教育我说："话到嘴边留半句，事到眼前让三分，处处留心皆学问。"母亲没上过学，却能说出这样的话，归根结底是受中华传统文化的熏陶，懂得做人要谦虚，她老人家的教诲"说话留余地，做事谦让……"使我受益至今，特别在我创业阶段，给我带来了很大的帮助。

### 耻笑、讥讽来不得

言为心声。语言受思想的支配，反映的是一个人内在的品德。既不友善又不负责任，平时随口乱说、造谣中伤、搬弄是非等，都是不道德的行为，也是做人极其不良的习惯，不认真改掉这种陋习早晚会吃大亏。

### 案例 4

台北曾发生一起血案，B 一家三口被杀，在警方锲而不舍的缉查后，案情真相大白。凶手 A 被捕后，坦承因业绩不好受到生意红火的 B 的"讥讽"而萌生杀机，并在行凶后担心事情败露，又杀其妻女灭口。凶手 A 交代："两个月来，死者 B 一直用言语刺激他、耻笑他，并用手指指着他的胸脯，笑话他'没什么用'，开堆高机那么久了，仍然是'给人请（聘雇）'，不像他自己开堆高机没多久就当了老板。"对这样的"讥讽"，A 怀恨在心，以致使他萌生杀人泄恨的念头。警方表示，凶手 A 心智健全，但因受到对方不断的讥讽和嘲笑而杀人，这成为历年来灭门血案的特殊案例，颇值得社会大众警惕。

古人早有明训："言语伤人，胜于刀枪。"许多人常以"嘲弄"他人为乐趣，还有部分综艺节目的主持人，戏称未能在比赛中过关的来宾"笨"，或嘲笑比赛者的长相"丑"，有些虽然是属玩笑性质，但总让人觉得不妥。毕竟"尖酸刻薄""有失厚道"的言辞批评会使听者产生不悦，严重的就如灭门血案的被害人一般，遭到杀身之祸。因此，古人说"丧家亡身，言语占八分"，确有其道理，真是叫人不得不留神、警惕。

### 说话不可太露骨

别以为如实相告，别人就会感激涕零，要知道，我们永远不能无所顾忌、率性而为，话语在说出口之前，一定要考虑一下别人的感受，这是成熟之人的处世之道。

直言直语是一个人致命的弱点，因为喜欢直言直语的人常常只看到事情的表面现象，仅考虑到自己的"不吐不快"，而没有考虑他人的立场、观念、性格和感受。所以，直言直语不论是对人或对事，过度、过量都会让人受不了，于是人际关系就出现了阻碍，同事们宁可离你远远的，也不想被你一不小心的直言直语所中伤；即使不能离你远远的，也会想办法把你赶得远远的，眼不见为净、耳不听为静。

### 案例 5

宋朝名臣张咏，在益州任知州时听说寇准当上了宰相，就对其部下说："寇准奇才，惜学术不足尔。"这句话对寇准的评价是非常正确的，因寇准虽然有治国之才能，但不愿学习。张咏与寇准是相交很深的朋友，他一直想找个机会劝劝寇准多读些书，因为寇准身为宰相，关系到天下的兴衰，理应学问更多些。后来寇准被贬为陕州知州，张咏恰巧从此路过，老友相会，格外高兴，临分手时，寇准问张咏："何以教准？"张咏对此早有所考虑，正想趁机劝寇公多读书，可是又一琢磨，寇准曾是堂堂的宰相，居一人之下万人之上，怎么好直截了当地说他没学问呢？张咏略微沉思了一下，慢条斯理地说了一句："《霍光传》不可不读。"当时，寇准弄不明白张咏这话是什么意思，可是老友不愿就此多说一句，说完后就走了。回家后，寇准赶紧找出《汉书·霍光传》仔细阅读，当他读到"光不学无术"的时候，恍然大悟，自言自语地说："这大概就是张公要对我说的话啊。"当年霍光任大司马、大将军要职，地位相当于宋朝的宰相，他辅佐汉朝君主立有大功，但居功自傲，不好学习，不明事理，这与寇准有些相似之处。因此，寇准读了《霍光传》，很快明白了张咏的用意。

寇准是北宋著名的政治家，为人刚毅正直，思维敏捷，张咏赞许他为当世"奇才"，所谓"学术不足"是指寇准不大注重学习，知识面不宽，这就会极大地限制寇准才能的发挥，因此劝寇准多读书加深学问，既客观又中肯。然而，如果说得太直，对于寇准来说，面子上不好看，而且传出去还影响其形象。张咏知道寇准是个聪明人，以一句"《霍光传》不可不读"的赠言让其自悟，既委婉又真诚，而"不学无术"这个连常人都难以接受的批评，通过教其多读《霍光传》的委婉方式，使刚直的寇准愉快地接受了。

### 在心态上要低调

我们常说"高调做事，低调做人。"高调做事是一种责任、一种气魄、一种精益求精的风格、一种执着追求的精神。你所做的哪怕是细小、单调的事，也能代表自己的最高水平，体现自己的最好风格，并在做事中提高素质与能力。而低调做人讲的是为人处世的一种修养，是指做事踏实稳健，不浮夸，低姿态，特别是功成名就的人更要保持平常心，不要恃才傲物。

当取得成绩时，要懂得感谢身边的人，懂得与人分享，为人要恭敬谦卑，这正好让大家吃下了一颗定心丸而达到心理的平衡。如果你习惯了恃才傲物，看不起别人，居功自傲，凭借自己的一点点成绩就高高在上，不把任何人放在眼里，那么总有一天你会独吞苦果。请记住，恃才傲物是做人一大忌。

大家知道孔融 4 岁就懂得让梨，可如此聪明之人又为何被曹操所杀呢？

### 案例 6

孔融生性豪放不羁，经常做出一些蔑视礼教、离经叛道的事儿。他内心对大汉王朝非常忠诚，对曹操的专横跋扈很反感。曹操攻下邺城后，把袁熙的妻子甄氏赏赐给了自己的儿子曹丕，孔融知道这件事后，专门给曹操写了一封信，说当年周武王伐纣的时候将妲己抢来赐给了周公一事。曹操得知后没有反应过来，还以为孔融说的是一个什么典故。后询问孔融，孔融轻松地回答说："拿今天的事情看来，当初也应该是这样的。"把曹操气得半死。那时粮食供应紧张，为了节省粮食，曹操下了禁酒令，不让喝酒。孔融便又给曹操写了一封信，大谈酒的好处，公然与曹操对着干，曹操对孔融更加气愤了。

孔融名重天下，曹操害怕其言论会危及自己的统治，便决定置之于死地，他暗中指使路粹上书弹劾孔融，说孔融"招合徒众，欲规不轨"

"大逆不道，宜极重诛"，于是孔融被杀害，时年56岁。

现实生活中也有许多像孔融这样恃才傲物之人，这些人并不注意自己的言行，也不会在意这样做会给谁造成伤害，这类人也一定会因为傲慢而影响自己的工作和生活。当今社会，无论是在官场还是商场，是没有"常胜将军"的，特别是商场，受挫者比比皆是。说起失败的原因大家"都懂"，只是大部分人都不够重视，没有去改变罢了。

### 不要把自己太当回事儿

只有不把自己太当回事儿，常以平等之心而自居，才不会产生自满心理，才能不断地充实、完善自己，缔造美好人生。人都是由优点和缺点组成的，人无完人，为君必缺，此乃美也。我们都是普通人，不要太把自己当回事儿。过于看重自己，提高看待他人的标准，就会脱离大众，会让自己活得很累；太把自己当回事儿，既不利于工作开展也不利于同事间的团结。

因此，别把自己看太重，你就不会失重；别把自己看得太高，你就不会失落。

### ● 案例 7

美国著名指挥家、作曲家沃尔特·达姆罗施二十多岁时就当上了乐队指挥。这时的他年少得志，有些洋洋得意，忘乎所以，认为自己才华横溢，没人可以取代自己指挥的位子。有一天排练，达姆罗施发现指挥棒忘在了家里。正当他准备派人去取时，他的秘书说："没关系，向乐队其他人借一下就行了。"秘书的话把达姆罗施弄糊涂了，他愣了一下，随口向乐队成员问了一句："你们谁能借我一根指挥棒？"话音刚落，只见大提琴手、首席小提琴手和钢琴手分别从上衣内袋里掏出了一根指挥棒。达姆罗施一下子清醒过来，原来自己并不是什么必不可少的人物，其实有许多人一直都在暗暗努力，时刻准备取代自己。从此，每当达姆罗施想偷懒、飘飘然的时候，他的眼前马上就会出现3根晃动的指挥棒，让他再也不敢停下努力的步伐。

这个案例说明，生活中每个人都要摆正自己的位子，不要认为自己是天下第一，有点成绩就沾沾自喜。一个企业，离了谁都会照常运转，因为如今的社会，人才济济，特别是政府机关单位，一个人离开，会有10个人跃跃欲试。因此，一定要学会低调做人。

谦逊是终身受益的美德。一个懂得做事谦逊的人是一个真正懂得积蓄力量的人。谦逊能够避免给人造成太张扬的印象，使一个人在生活、工作中不断积累经验与能力，最后取得成功。另外，简朴是低调做人的根本，在生活上简朴些、低调些，不仅有助于自身的品德修炼，而且也能赢得上下的交口称誉。

**在姿态上要低调**

在低调中修炼自己，低调做人无论在官场、商场还是政治军事斗争中都是一种进可攻、退可守、看似平淡实则高深的处世谋略。谦卑处世人常在，谦卑是一种智慧，更是为人处世的黄金法则；懂得谦卑的人，必将得到人们的尊重，受到世人的敬仰。大智若愚，实乃养晦之术。大智若愚重在一个"愚"字，"愚"设计了巨大的"假象与骗局"，"愚"是一种不计较、不张扬、不傲气的真实表现。"愚"是上苍给予的一种特殊能力，具备"愚"的人几乎没有"敌人"。难得糊涂，"愚"是一种境界，"愚"犹如水，善利万物而不争。这种甘为愚钝、甘当弱者的低调做人术，实际上是精于算计的隐蔽，它鼓励人们不求争先、不露真相，却能悟透各种人生真谛，让自己明明白白过一生。所以先辈们才造就了"大智若愚"四个字。

## 三、三字真经，做好谦虚的"小、低、空"

我们都喜欢谦虚、低调做事的人，如何做到谦虚呢？我反复思考，想到了"小、低、空"这三个字，凡能领悟这三个字含义的就能做到谦虚做人，这三个字也可作为如何做到谦虚的口诀。

"小"即对别人没有威胁感，凡是小的物品大家一般都容易对其产生好感。中原地区，老人称呼孩子为"小儿"，这是老人喜爱孩子、疼爱孩子的一种爱的称呼。小时候，母亲常常对我说："小儿啊，啥大都值钱，就人大不值钱。"母亲的意思是告诫我做人谦虚低调，才会受人尊敬；如果做人高高在上，总觉得自己比别人高大、富有、高贵一等，一定会招人厌恶而被人抛弃。

"小"就是要我们看小自己，观大别人，让人舒服。再如，古代的称呼习惯，把自己的儿子称为"犬子"，把自己的女儿称为"小女"，把自己的夫人称为"贱内"，把自己家称为"寒舍"等。总之，人们习惯认为"小"即有安全感，不会遭到威胁；"小"即为衬托别人的伟大。

都知道有店小二这个称呼，这里可以说明"小"也有勤快的意思。

所以，我们要赢得别人的喜欢和尊重，要处处注意变"小"，手脚变得"麻利"，有一种永久为他人做好服务的心态。这样大家才能喜欢你、认可你，别人和你在一起才会感觉舒服。

"低"即为低调做人。地低成海，人低成王。大海卑微众水归，大海之所以成为大海，是它比所有的河流都低，人不畏其低方能服众称王。

"低"就是为人处世不张扬。少说话，多做事，要真正做到"此鸟不飞则已，一飞冲天；此鸟不鸣则已，一鸣惊人"，就是说自己有能力尽量做到才不外露，懂得韬光养晦之术。

"低"就是当别人夸奖你时，你会说自己仅仅是运气好，当自己地位比别人高时还仍然欣赏和佩服别人。平常总有自己有很多方面还不如别人的感觉，但那种感觉绝不是不自信的那种。

所以，"低者无敌"，经常保持低调的人，就很少有人把你当成对手，就会生活无仇敌。平常保持低调的人，事业上不会遭到别人的抵抗和抵触，工作通行无阻，事业会一马平川，没有人跟你过不去。

总而言之，"低"是永远的不逞强，永远的韬光养晦，永远的没有"敌人"。

"空"就是要有空杯的心态，觉得自己在各方面都还不"富裕"，经常能够反思自己在各方面还远远不如别人，这种心态也绝不是自卑。空杯心态是一种低调做人的习惯，是对自己取得的成绩永不满足、勇攀高峰的原动力。

到郑州创业的几十年里,我常常提醒自己要有空杯的心态,如此才使我的企业不断由小变大,由最初的一个项目做到了今天的成绩。所以说空杯心态是谦虚者常备的一种良好心态和习惯,更是成功人士必备的技能,只有具备这种心态才能不断地走向成功。

有这样一个"空杯"的故事,与大家分享。

### 案例 8

古时候有一个佛学造诣很深的年轻人,他听说某个寺庙里有位德高望重的老禅师,便前去拜访。老禅师的徒弟接待他时,他表现得很傲慢,心想:"我是佛学造诣很深的人,你一个学徒算老几?"后来,老禅师十分恭敬地接待了他,并为他沏茶,可是倒水时明明杯子已经满了,老禅师还是不停地倒,他不解地问:"大师,为什么杯子都已经满了,您还要倒呢?"老禅师说:"是啊,既然杯子已经满了,干吗还要倒呢?"老禅师的意思是,既然你已经有学问了,干吗还要到我这里求教呢?此时这位年轻人大悟,想得到更高深的造诣,还需要清除傲慢,"空杯"归零啊。

这个故事告诉我们,成功做事的前提是要有一个谦卑好学的心态。想学习更多的知识,先把自己想象成一个空的杯子,只有清空心里所有的自满,才能学到更多的知识,而不至于骄傲自大。能做到"空"是发自内心的谦虚,能力不如别人需要提高,知识不如别人需要学习,财富不如别人需要努力发展……只有拥有空杯心态的人才是有大智慧的人,才是有望成功的人。

所以,一个人养成"小、低、空"的做人做事习惯,就能成为一个谦虚低调的人,就会得到大多数人的认可和帮助,如此其事业也容易成功。谦虚之所以能成为"性格与修身——八项注意"中的一项,就是因为它在人们工作中所起的作用是非常重要的,而且谦虚对所有人而言都能时刻用得着,人人都需要它。

# 章节八 "八项注意"之和气

## 一、和气的起源

《论衡·讲瑞》云:"瑞物皆起和气而生。""和"在中国的哲学及信仰中具有极其重要的地位。

### 道家强调"和"

道家认为,"和"是宇宙之法则,天地间万物"和"最为可贵。《老子·四十二章》说:"道生一,一生二,二生三,三生万物。万物负阴而抱阳,冲气以为和。"从本原的意义上阐发了"和"。这里的"二生三"我理解的是阴、阳二气生成了阴、阳与和气,"三生万物"说的是万物由阴、阳组成,阴、阳具备和气方能产生万物。我们身边的万物负阴而抱阳,但最终都离不开"和"。

### 儒家最为主张"和"

《礼记·中庸》曾描写过"致中和,天地位焉,万物育焉";孔子主张"和为贵",见于《论语·学而》;"君子和而不同,小人同而不和",见于《论语·子路》;董仲舒在《春秋繁露·循天之道》中说"和者,天地之所生成";张载《正蒙·太和》云"太和所谓道"……都彰显了"和"的力量,同时也强调了治国一样需要"和"。

### 佛家最为修"和"

"六和",又称"六和合"或"六和敬",它是佛家的重要清规,也是佛门信徒和谐相处的基本准则。"六和"的基本内容就充分体现了

"和"这个观点,即身和同住、口和无诤、意和同悦、戒和同修、利和同均、见和同解。由此可见,和谐是佛教的核心价值和主要精神。

### 和气生财,家和万事兴,和为贵

从古至今,为什么人们都爱把"和气生财""家和万事兴""和为贵"等名言警句挂在墙上?我对此最简单的理解是因为这几句话极为重要,也是我们的先人为时刻警醒世人所示,所以才把"和"书于纸上并挂在墙上。

讲一个我家和楼上邻居发生矛盾的事情。其实我们家的文化是极为讲究"和"的,如此才很少与别人产生误会,发生争执。

#### 案例 1

2004年的一天下午下班,当走到楼梯口的时候,我隐隐约约听到爱人和儿子跟别人吵架的声音,于是我加紧脚步上楼后才发现,他们是在和楼上的邻居争吵,我上前把爱人和儿子拉到了屋里,同时也把楼上邻居安抚了一番。

原来是我上初中的儿子在家写作业时,楼上邻居的孩子在跳绳,声音震动很大,影响了儿子写作业。儿子就上楼敲门说:"阿姨,我正在学习,您家孩子跳绳我没法写作业了。"可能儿子上楼说话的方式不太对,那位邻居就冲着我儿子凶道:"那你家弹琴也影响我们!"说完"啪"一声把门关上了,我儿子很生气,随口说了一句不中听的话,结果就吵了起来,爱人听到儿子的声音也加入了"战斗"。

当弄清吵架原因之后,我去给邻居做了解释。见到邻居说的第一句话就是:"对不起,邻居,孩子小不懂事,别跟孩子一般见识,咱们都是邻居,不管怪谁都别计较,这事就算过去了。我女儿弹钢琴可能也吵到了你们,给你们添麻烦了。但她是在练专业,马上要高考了,请多理解。"我诚恳、耐心而又和气的沟通,出乎了他们的预料,结果邻居对刚才的行为也表示了道歉,说以后会注意,不让孩子在楼上跳绳了。

就这样,我和邻居沟通得很友好,也很成功,邻居还热情地送我到楼下。从此,我们两家再也没有因此而产生隔阂,我想这就是我和气处理问题的结果。后来我们搬走后,我的亲戚住了这套房子,亲戚家的几个孩子与楼上邻居的孩子还是同龄,孩子们经常一起玩,还成了朋友。

试想,假如当时见此情况,我也选择参加"战斗",就有可能加剧"战况",最后与邻居结为冤家。这样很可能给家人留下阴影,特别是对孩子的成长也不利,所以双方出现矛盾唯一的解决方法就是"和"。

## 二、微笑的力量

在工作和生活中,如果一个人对你面无表情、横眉冷对,另一个人对你面带笑容、温暖如春,假如他们同时向你请教问题,你肯定喜欢后者。你会对他知无不言,言无不尽,问一答十;而对于前者,恐怕就是另一番景象了。所以,一个人的面部表情亲切、温和、喜气,远比他穿着一套高档、华丽的衣服更吸引人,也更受人喜欢。微笑是一种宽容、一种接纳,它能缩短彼此之间的距离,使人与人之间能够心心相通。喜欢微笑着面对他人的人,往往更容易走进他人的世界,进行心灵深处的沟通。难怪学者们强调,微笑是成功者的先锋,是世界上最厉害的武器。

### 微笑,缩短彼此的距离

微笑像温暖的阳光,微笑如和煦的春风,微笑是促进社交成功的必要手段。对人微笑是高超的社交技巧之一,是一种文明的表现,它能够彰显一种力量和涵养。一个刚刚学会微笑的中年领导干部说:"自从我坚持对同事微笑之后,起初大家非常迷惑、惊异,后来就是欣喜、赞许。两个月来,我得到的快乐比过去一年中得到的满足感与成就感还要多。现在,我已养成微笑的习惯,而且我发现人人都对我微笑,过去冷若冰霜的人现在也热情友好起来。在上周单位举行的民主评议活动中,我几乎获得了全票通过,这是我参加工作这么多年来从未有过的大喜事。"

沟通是最简单的因果关系，而微笑作为沟通的一部分，反映的也是一种因果关系。当你对别人微笑时，别人也会还你一份会心的笑。微笑让相互之间充满和气与欢乐，充满友情和爱的元素，这个世界因微笑变得更加简单、和谐、富有意义。

一代歌后邓丽君为何能够风靡各大乐坛，甚至在日本也赫赫有名？我想，不单单是因为她歌唱得好、人美，更重要的是因为她的脸上总是保持着甜美的微笑。也许她的人生不是很如意，但是只要你看到她，她就是微笑着的，这让你的心情也会随着她一起律动。她的亲和，让她缩短了与各民族、各个国家听众的距离，因此她的微笑让全亚洲爱听流行歌曲的歌迷们都记住了"邓丽君"这个名字。

所以说，一个善于通过目光和笑容表达美好感情的人，可以使自己更有魅力，也会给他人更多的美感。

### 案例2

一次，公司的一位副总开车到一个高档小区送样品，刚到小区大门口就看到"外来车辆禁止入内"的醒目标牌。怎么办呢？若把车停在小区外边不安全，车上还有十几公斤的样品该如何拉进去，而且朋友的住处距大门口非常远。此时，聪明的副总想到了"和气"，就想试试看能否开车进去，于是他先把车停在一边，走过去微笑着对值班的保安说："您好，保安师傅，我要去小区×楼×号送个样品，因为样品有十几公斤重不好拿，想开车进去，时间不会太长。"值班保安问清了楼号后就答应了让他开车进去。当副总把车停稳正准备自己拿着样品上楼时，眼前又迎来了一位年轻的保安，原来副总刚才彬彬有礼、和气的讲话让值班保安感触较大，他居然用对讲机安排了另一位保安来帮助副总将样品送上楼……

这件事虽然很小，这样的结果也不足为奇，但有时假如不注意沟通的方式方法，傲慢处世，也不排除与保安发生误会和争执的可能性。

### 微笑是世界上最厉害的武器

《水浒传》里有个好汉叫"笑面虎",他凭借自己的一张笑脸和三寸不烂之舌,在克扣官银的情况下还能自保。后来李逵不相信有这等人,就硬要去打那个"笑面虎",结果那人几句话一说,李逵完全下不了手了。所以抬手不打笑脸人,平常保持微笑会有助于自己的工作和问题的解决。甚至,微笑能让很多的不可能变为可能。

#### 案例 3

在日本寿险业,也许员工不认识自己公司的老总,却没有人不认识原一平。可以说原一平的一生充满传奇。他从小就被乡里公认为是无可救药的小太保,个头不高,其貌不扬,初入保险公司面试时,就因为矮小的外形,被公司经理羞辱。原一平没有任何气质与优势可以作为打拼的资源,但他认为婴儿般天真无邪的笑容最具魅力。为了赢得更多的客户,他每日对着镜子,苦练微笑,他甚至把"笑"细分为38种,并针对不同的客户,展现不同的微笑。每次谈生意,别人只要看到原一平真挚温暖的笑脸,立刻就觉得亲切万分,生意自然就谈成了。凭借自己的微笑与毅力,原一平成就了自己的事业,成为日本保险业连续15年全国业绩第一的"推销之神"。大家更是称他的微笑为"价值百万美金的笑容"。

所以说,**微笑是世界上最厉害的武器**。和气的人往往因为微笑而给人留下好感,在人生的道路上更加顺利。

达·芬奇笔下的蒙娜丽莎的神秘微笑,曾使多少人为之倾倒、迷恋,感受到美的真谛。美国前总统奥巴马,用他迷人的、自信的、坚韧的微笑,征服了美国多数选民。影星李连杰曾说过这样的话,我花了超过20年的时间才体会到最厉害的武器是微笑,最强大的力量是爱,现在我要凝聚这种力量传递给更多、更需要的人。半辈子在荧屏上"打打杀杀",号称"国际打星"的李连杰能悟出微笑是最厉害的武器,实在难能可贵。微笑不但是最厉害的武器,还是最美丽的武器。世界名模辛迪·克劳馥说，女人出门若忘了化妆，最好的补救方法便是亮出自己的微笑。向一个人微笑就像天使，皱眉则可能像是魔鬼。可是我们有些人却偏偏极端吝啬自己的微笑，喜欢横眉冷对，其实他们并不知道满脸的"阶级斗争"已给他人带来了不快。

另外，微笑还可以防止脸部肌肉下垂，起到美容养颜的效果；微笑还被认为是高情商的表现……总之，微笑能最快改善人与人之间对彼此的认知，增进感情，提升亲和力。微笑代表一个人的和气态度，代表积极热情、阳光向善的一面，微笑还能给对方带来安全感，所以说微笑是世界上最厉害的武器。

## 三、和气是事业成功的必备要素

### 做事和气，微笑待人，事业就有如天助

我刚到郑州创业时，因为没有收入来源，生活过得非常艰苦。家中4口人吃饭、买衣服都很拮据，仿佛我一辈子的委屈都集中在了那一年里，"没有脾气""一无所有""在默默地寻找机会"是我当时最真实的写照。那时的我，除了能给别人带来和气、微笑之外，真的什么都给不了，但是回头想想这种人生经历也着实难得。它不仅锻炼了我，也使我得到了成长，让我打下了做人谦虚、和气的"底子"。

1993年，北京一家客户的采购科长带着家属来郑州考察我厂，在接待了几天之后，一天早上这位科长对我说："小郭，昨天你嫂子说了，业务上就让跟你合作。"答案既出乎我的意料，又在情理当中。通过几天的招待，我谦虚、和气的做事风格给北京客人留下了深刻的印象。就这样我与北京客户一直合作了15年之久，我还是他的独家供应商，一直合作到该厂停产转型。我人生的"第一桶金"就来自于北京的这位朋友，他是我的贵人，这个贵人就是我用"谦虚、和气、微笑、称呼"请进门的。

做人处世的修养有百千万种，但是，和气是修养中的修养。接下来

我们不妨看看下面两个小故事。

### 案例 4

清朝雍正年间，有一家客栈开在进出京城的黄金地段，因为地段好，顾客络绎不绝，老板见生意好，对顾客的态度就越来越差。一天，有位顾客不小心打碎了一只瓷碗，向老板道歉后表示愿意赔偿，可是老板却狮子大开口，坚持要顾客以 20 倍的价格来赔偿。此后，这家客栈隔三岔五被官府找麻烦，生意每况愈下，最后老板只得离开京城。原来，那位打破瓷碗的客人是官府中人，因不满客栈老板恶劣的待客态度和贪婪的钱财欲望，指使官府找茬，破坏客栈生意。

而同期的苏州，有一家小面馆，虽然铺面不大、地段不佳，但打理的老妇人待客非常热情，和气可亲。一天，一位妇女领着孩子进店里吃面条，热腾腾的面条刚摆上桌，淘气的小孩子一抬手碰翻了碗，面条撒了，瓷碗碎了。孩子的母亲一边责备孩子一边道歉，老妇人上前关切地询问孩子是否被烫到，还重新做了一碗面给母子俩，并拒绝了孩子母亲的赔偿。孩子母亲感动万分，连声道谢。日后，这位母亲逢人便说这一段经历，人们纷纷慕名而来，老妇人的面馆生意越做越红火。

这真是：和气能聚财，和气才是生意兴隆的保障啊！

### 和气文化对企业的影响

什么是企业文化？有人说企业文化是老板的文化，是老板坚持多年正确的思想、理念以及正确的人生观和价值观，从而形成可以凝聚企业及团队的"神""魂""气""魄"。

我是一个比较注重和气的人，我们公司的企业文化也处处彰显着和气。例如"**人好才能带好人**"，类似这样的文化信条有很多，这些着实让大家受益匪浅。

我这里还有一句关于和气的企业文化，希望能与大家共勉："**先求和气，再求成绩，后求发展。**"（见表 8-1）做企业、带团队要悟懂这一句话才能省心，老板才能放心，大家才能开心，事业才能欣欣向荣。

表 8-1　　　　　　　做企业、带团队要悟懂的一句话

- 先求和气：一个管理者应先把自己身边"人、鬼、神"的关系沟通好、处理好，只有大家和气共生，上下拧成一股绳，才能顺利开展工作。
- 再求成绩：流传中国千年之久的文化瑰宝告诉我们，只有把人的问题处理好，你的成绩才叫成绩，才能出成绩。
- 后求发展：只有风清气正、上下团结一心，才能谈发展、谈创新。

## 四、如何做到和气

如何做到和气？答案就是"和气是需要'储蓄'的"。和气的内心如同一个强大的"聚宝盆"，要想真正做到和气，就要给自己制定严格的人生观和价值观，要具备宽阔的胸怀和善良的心地。做到和气还要要求自己遇事多往好处想，还要懂得宽容与忍让。

### 要学会储蓄爱，才会做到和气

恨是无底的黑洞，如果你靠近它，就很有可能被吸进无底的深渊。爱才是和气的基础，有爱才会包容、才有意愿去沟通、才会心平气和。不论别人能力大小、职务高低，我们一定要做到多换位思考，要把同事当亲人，要像爱自己的孩子一样去爱别人的孩子，只有爱才是和气的基础。

### 要时刻储蓄微笑，才能衍生和气

一位乘客在飞机未起飞前，因为自己需要吃药，就向服务员要一杯水，服务员也承诺等飞机平稳起飞后马上给他送过来。结果她忘了，这时候乘客非常生气地按服务铃，服务员一听到，意识到了自己的失误，马上把水送过来，并微笑着说："对不起先生，由于我的工作疏忽，耽误了您吃药的时间，非常抱歉。"然而，这个乘客并不买她的账，还说要投诉她。事情过后，为了弥补自己的不足，这位服务员每次经过这个乘客旁边的时候，都会微笑地问："您是否还有别的需要？"然而这位乘

客却一直都板着脸,对服务员不予理睬。当飞机快要到达目的地的时候,这位乘客就让服务员给他意见本,服务员这时候有点害怕了,以为要投诉她,战战兢兢地将意见本递给了他。乘客离开以后,她打开那个意见本一看,发现上面写了这样一段话:"在整个过程当中你表现出来的真诚和歉意,特别是你的十二次微笑,深深地打动了我,最终让我决定不再投诉你,而是表扬。你的服务质量很高,如果还有机会我一定会再次乘坐你们的航班。"这位乘客还说,当她第二次向他微笑的时候,他认为这种道歉是应该的,没有什么感觉;当她第三次微笑的时候,他要投诉她的感觉有点动摇了;当她第四次向他微笑的时候,他已经彻底原谅她了……

因此当你对你所犯的过失无能为力的时候,不妨尝试微笑,学会储蓄微笑,那你所遇到的事情也必将会和和美美地得到解决。

## 五、职场"和气道"——必不可少的智慧

在我们的职场生涯中,必不可少地会遇到这样或那样的问题,这些问题有的会令我们感到很沮丧,有的则会让我们感到很难堪。想要调整好心态,职场生存"和气道"的智慧相信对你一定是必不可少的。

通过对和气的观察、应用与理解,我总结出了实用的和气口诀——"三和":面和、心和、言和,具体见表8-2,三者缺一不可。

**表 8-2** 　　　　　　　　　　和气的口诀

- 面和:要想做个和气之人,首先要注意面部的和气,对人要时常微笑,表达温和的感情,才能给人舒服的感觉。
- 心和:想做个和气之人,就要有发自内心的和气,要具备博爱之心,会忍让,知道吃亏,懂得宽容,轻易不树敌,对任何事情都有足够的信心。
- 言和:要做个和气之人,首先说话要和气,其次说话要有礼貌、不伤人、不惹人烦、不去气人,不说粗话和脏话。

《道德经》有云:"知人者智,自知者明。"现实中有很多人只认识

别人，并且是只知道别人身上的缺点，从来认识不到自身的缺点和短板。做人了解别人是你的智，了解自己的优缺点才叫高明，并且做人贵在了解自己而不是了解别人。

生活中，有些人天生说话面带微笑，长相和蔼可亲，正如平常所说："爱笑的女孩运气不会差。"这类人的习惯无形中帮助着自己的工作和事业发展。有些人平时不分场合一脸的严肃、宁静、不苟言笑，在不知不觉中也影响了自己的亲和力甚至是情商，也相对干扰了自身的工作和事业发展。和蔼可亲之人继续保持自身良好的优势，运气一定会偏向你这一边；不苟言笑之人，应该尽早作出调整，多给身边人一些微笑、和气，以早日弥补自己的短板。

和气是以不变应万变的法宝。和气待人会让你的家庭、工作和交友受益多多，平时说话办事和气会让你提高亲和力，更是事业成功的捷径。

纵观中华5000年文化宝典，若压缩成一个字，大家公认的就是"和"字。2500年前，"兵圣"孙武在《孙子兵法》"五事七计"政治军事的博弈中就把"和"放之第一重要的位置。孟子又在做事三要素"天时、地利、人和"中，再次提到"和气"是做事的第一位。这两位先贤圣人的观点与理论相吻合，足以说明"和"之重要，同时也警示我们在生活中一定要重视和气，用好和气、和善、和谐、和睦、温和、平和等。所以，凡事都要先求和气，同时还要记住和气有三和：面和、心和、言和，三者缺一不可。这是每个人必须要做到的和气口诀。

# 章节九　"八项注意"之勤快

## 一、关于勤快

### 勤能补的不仅仅是"拙"

"勤"是每个人不可或缺的基本能力，更是成功人士创业的法宝。虽然我们每个人所处的环境不一样，各自的条件不同，所付出的辛苦、努力也不相同，但相通的是"一勤天下无难事，一懒世间万事休"。曾国藩说，天下古今庸人，皆以一惰字致败。古今中外，懒惰不可否认是失败的代名词，唯有勤快才能给自己及身边的人带来幸福与欢乐。

通过调查统计，我发现勤快占一个人能力的11%，不仅如此，还排在一个人最核心能力的第四位。除了承担、胸怀和沟通之外，最重要的就是勤快。下面我将结合自己的亲身经历和有关勤快的故事，把勤快做事的益处分享给大家。

● **案例1**

有个年轻人抓了一只老鼠卖给药铺，为此他得到了一枚铜币。他走过花园，听花匠们说口渴，他又有了想法，他用这枚铜币买了一点糖浆和着水送给花匠们喝，花匠们喝了水，便一人送他一束花。他又到集市卖掉了这些花，得到了8个铜币。风雨交加，果园里到处都是被狂风吹落的枯枝败叶，年轻人对园丁说："如果把这些断枝落叶送给我，我愿意把果园打扫干净。"园丁很高兴地说："可以，你都拿去吧。"年轻人又用8个铜币买了一些糖果，分给一群玩耍的小孩，小孩们帮他把所有的断枝落叶捡拾干净。这个年轻人又去找皇家厨工，说有一堆柴想卖给他们，厨工付了16个铜币买走了这堆柴火。这个年轻人用16个铜币谋起了生计，他在离城不远的地方摆了个茶水摊，因为附近有500个割草工人要喝水。不久，他认识了一个过路喝水的商人，商人告诉他："明天有个马贩子带400匹马进城。"听了商人的话，年轻人想了一会儿，对割草工人说："今天我不收钱了，请你们每人给我一捆草，行吗？"工人们很慷慨地说："行啊！"这样，年轻人有了500捆草。第二天，马贩子来了，要买饲料，便出了1000个铜币买下了年轻人的500捆草……就这样，几年后，年轻人成了远近闻名的大财主。

这个故事很简单，但是却很有意思。年轻人的成功看似是在很偶然的情况下收获而来，但实际上却真真实实地来源于两个字——勤快。首先他脑子运转得很快，即"脑勤"；其次他很会运用自己独到的眼光，即"眼勤"；然后他还很有组织能力，他知道，单靠他一个人难以完成这项工作，于是他组织了一群小孩儿为他工作，并用糖果来支付报酬……之后他能做的事情就越来越多，生意也就越做越大。唯一没有变的就是他一如既往的勤快，一旦想到什么他就会立刻去执行，没有半点滞后与拖延。就这样一切都很顺利地完成，而他也靠着自己的勤快成了远近闻名的财主。其实这也说明财富就在我们身边，关键看你能不能用勤快的"智囊"快速地把它找到。

### 勤快是成功的开始

曾国藩一生最强调的就是治懒：百种弊病，皆从懒生。懒则弛缓，弛缓则治人不严，而趣功不敏。一处迟则百处懈矣。这就要求我们做事情，一是必须按计划做，一定不能有拖延症；二是必须每天总结当天的事情。

曾国藩指出，看待一个家庭的兴败，可从三个方面分析，见表9-1。

**表 9-1　　　　　　　三个地方看一个家庭的兴败**

- 第一看，看子孙几点起床。假如睡到太阳升得很高了才起来，那说明这个家族会慢慢懈怠下来。
- 第二看，看子孙是否经常做家务。因为勤劳、勤快的习惯会影响一个人一辈子。
- 第三看，看子孙有没有在读圣贤经典。因为人不学不知"道"，不学不明理。"人外有人，山外有山"，在你的圈子外面也许还有比你更有才能和智慧的人，因此要不断给自己充电，不断让自己读书，如此方能有所成就。

在曾国藩看来，最简单且有效的治懒法就是强迫早起床。而整天想着偷懒，只会说"还早"的人，就没有足够的时间和动力去做其他事情。特别是有些人，爱耍些小聪明，不想付出劳动，总是依赖着别人生活，要知道，靠山山会倒，靠人人会跑，如果哪天你失去了这些依赖，就会把自己逼入绝境。

好的做事习惯应该是：早！快！认真！让自己随时保持战战兢兢、如履薄冰的感觉，随时觉得如果自己现在不努力，马上就会被超越，这有助于养成勤快的好习惯。近两年我一直在总结勤快做事的文化，发现勤快对企业的帮助确实很大。

例如，"做事要学会催领导，别让领导催""学会人追事，别让事追人""人追事，事事顺；事追人，事难成"等，这些警句的意思就是说领导给安排的工作，不要等着领导催我们，要学会勤给领导汇报，催着领导来推动工作。做任何事都要有合理的计划和安排，追着事来做，这样便会事事顺利，千万不要把事情积压到一起，让事情追着人做，这样会很容易误事儿。我曾在公司推行"三快文化"，即"做事要快，提高要快，改变要快"，对公司的发展起了巨大的推动作用，也对新员工起到了很好的教育和带动作用。

创业的艰辛让李嘉诚至今不忘曾经改变他命运的法宝就是勤快。他17岁开始做推销员，体会到挣钱的不易、生活的艰辛。人家做8个小时，他就做16个小时。公司内的推销员一共有7名，都是年龄比他大而且经验丰富的推销员。但由于他的勤奋，使他的推销成绩是位列他之后排名第二的销售员的7倍。这样，18岁的他就做了部门经理，两年后，又被提升当总经理。就是在这个过程中，他通过勤学苦练学到了如何与客户打交道，如何揣摩对方的心理，如何达成交易，如何完成谈判工作等等。他还说，这些都是他在今天尽管花费再多的金钱也买不到的"财富"。李嘉诚认为，只要从事营销工作，至为关键的只有两点：一是勤力，二是创新。

李嘉诚17岁时做销售，一天跑16个小时……他几点起床？而我们又是几点起床？尽管勤快是成功人士习以为常的事情，但是我们一般人很难坚持。也许你会觉得即使我们拥有了勤快也不太可能拥有李嘉诚般的成功，但如果我们失去了勤快就一定会比现在更差。有些人认为，早起会让他们头脑保持清醒，清晨还能够激发他们更多的创造力。根据"挣得越多，睡得越少"的原理，再对比一下你的起床时间，或许就该知道你每个月薪水微薄的原因了吧。一般情况下，一天工作8个小时的是员工，一天工作超过10个小时的是高管，一天工作超过12个小时的是老板。请问你一天工作几个小时？

## 二、天道酬勤，功不唐捐

曾国藩是中国历史上最有影响力的人物之一，可是他小时候的天赋并不高，但他坚信勤能补拙，于是就一直用功读书。有一天，在家读书的他，对一篇文章不知道重复朗读了多少遍，还没有背下来，这时候来了一个贼，潜伏在他家的屋檐下，希望等读书人睡觉之后捞点好处。可是等啊等，曾国藩还是在翻来覆去地读那篇文章，就是不睡觉，贼人大怒，跳出来说："这种水平读什么书？"然后他将那篇文章背诵一遍，扬长而去。曾国藩就是这么一个平凡的人，但他很清楚，命运从来不会辜负勤快的人。

## 工勤者制造精，农勤者产量丰，商勤者贸易盛

我们会经常看见一些墙上挂的牌匾上写着"天道酬勤""勤能补拙""一勤天下无难事"等字样，这些警句不是为了装点门面好看，而是为了时刻提醒我们"勤"的重要意义，说明勤快的重要性，让我们看到人勤之后的希望。

### 案例 2

晋代的祖逖与好友刘琨感情尤为深厚，两人有着共同的远大理想，那就是建功立业，成为国家的栋梁之材。

一次，半夜里祖逖在睡梦中听到公鸡的鸣叫声，他一脚把刘琨踢醒，对他说："别人都认为半夜听见鸡叫不吉利，我偏不这样想，咱们干脆以后听见鸡叫就起床练剑如何？"刘琨欣然同意。于是他们每天鸡叫后就起床练剑，剑光飞舞，剑声铿锵，冬去春来，寒来暑往，从不间断。功夫不负有心人，经过长期刻苦学习和训练，他们终于成为能文能武的全才，既能写得一手好文章，又能带兵打胜仗。祖逖被封为镇西将军，实现了他报效国家的愿望；刘琨做了都督，兼管并、冀、幽三州的军事，也充分发挥了他的文才武略。

这则历史上著名的"闻鸡起舞"的典故，提醒我们做事千万不能拖沓，一定要珍惜时间，分秒必争，只有这样，勤快才能给我们以回报，我们也才能成长为对社会有用的人。

回想我在农村时的生活，夫妻两人带着一双儿女，种着二十多亩耕地，当时没有什么机械化工具，基本全靠人力，但是我心想人勤地不懒，每天总是比别人早起床早去地里干活，说我干活所付出的汗水是同龄人的三倍，一点都不夸张。勤快的习惯为我以后能离开农村创业发展奠定了良好的基础，我曾经在多个场合讲过我的这段经历：1982年到1992年的10年间，我经历了初期的农田承包，经历了农业生产全靠人工劳作的时期，经历了没有机械化到半机械化的过渡，更经历了我人生

的低谷……时至今天，我十分感谢当年勤劳所打下的基本功，令我创业即使遇见再大的困难、吃再多的苦都不会后退。过去的艰辛付出反倒成了我今天创业成功的基石。

28岁那年，发生在我身上的两件事让我终生难忘。

### 案例3

1993年，银行卡还不常用，哪怕是出远门也是带现金。那年年初，我去徐州采购原料，为了安全起见，就未随身携带贷款。和对方谈好合同后，为了不影响第二天一早提货，我晚上8点多从徐州出发坐火车赶往郑州家中，天亮前又从郑州赶回了徐州。那个年代不比今天，火车速度比较慢，徐州到郑州再返回徐州整整奔波了一夜。说实话，那次半夜拖着疲惫的身躯到家，真想睡上一觉等天亮再走，但是为了赶时间，为了早日把生意做成，来回700多公里的路程，我几乎一夜未眠。这是我出差最为难忘的一段经历。

印象深刻的还有一次。1993年刚过完年，我去安阳出差落实生铁货源。早上5点多骑自行车赶到郑州火车站，从郑州到安阳来回火车需要6个小时。我当天下午1点就回到了郑州，满打满算只在安阳停留了不到一个小时，没有时间吃饭和休息。去安阳是去见一个做生铁生意的老板，谈好了价格，取到了样品，我就立刻返回了郑州。功夫不负有心人。6天时间100多吨生铁，安阳买货、郑州卖货，净利润赚了2万多元。这在那个时代可不是一笔小数目，当时的我感到特别激动。

总结这两次业务的成功，我想起了一句话："工勤者制造精，农勤者产量丰，商勤者贸易盛。"在这个世界上，要想获得成功，没有什么捷径，唯有勤快和实干。

#### 勤快不但改变人生，而且受人尊敬

1988年，我23岁，在农村成立了一家小型皮鞋厂，那年冬季要在开封相国寺市场销售皮鞋，当时因为存放皮鞋的仓库犯了难，父亲想到本村有个姑姑就住离相国寺不远的地方，她家做存放皮鞋的仓库最适

合。据说这位姑姑和我父亲的交情还不错,但早听说姑姑家的婆婆(我该称呼奶奶)脾气不好,并不喜欢农村的亲戚,当时为了销售皮鞋,也没有其他办法。

记得当时父亲是"硬着头皮"去找本家姑姑的,姑姑和父亲一起去征求奶奶的意见,没想到平时难说话的奶奶这次竟然答应了。那年冬季我和父亲共在姑姑家住了25天左右,每天从早到晚进进出出,把姑姑的小院弄得又脏又乱。因白天农用车不让进城,都是每天夜间从30公里之外的农村,用拖拉机把皮鞋拉到姑姑家,每次卸完货都到深夜12点多了,肯定影响了姑姑和那位奶奶的休息。

说实话,我生怕哪天奶奶一不高兴把我们赶走……所以,自从我住进她家之后,每次皮鞋出库、进库后,我和父亲都会把院子打扫得干干净净,晚上回到姑姑家也是见活就干,见忙就帮,还连带着他们家其他地方也一并打扫。二十多天过去了,皮鞋顺利卖完了,我们也该走了。当我和父亲向姑姑和奶奶辞行时,没想到奶奶流泪了,她说了一句我和父亲都意想不到的话:"很不舍得让你们走,你们走了谁还替你姑姑干杂活啊?"当时我和父亲都很激动,也被奶奶的眼泪所感染。后来我想,我们从刚来到奶奶家的不自信,到临走时奶奶对我们的不舍得,这里更多的是因为我和父亲不怕辛苦和做事勤快感动了奶奶。姑姑和奶奶是从心眼里认可了我们,把我们当成了自家人。

所以勤快才是做人的根本,平时不要计较那么多,别嫌麻烦,多付出一些,自然就能养成勤快的良好习惯。勤快招人喜欢、受人尊敬,具备勤快的好习惯就能轻松改善同身边人的关系。

### 败人两字,非"惰"即"傲"

"勤"真的能给我们带来益处吗?直到我读懂了"韦编三绝"。

春秋末年的思想家、政治家、教育家和儒家学派的创始人孔子曾说过,他的学问都是通过刻苦钻研得来的。孔子幼年丧父,家境贫寒,没能受到良好的家庭教育,只能通过自学来获得知识。他从15岁开始发愤读书,因为没有人教,在学习上碰到困难就多方请教。他不耻下问,请教过做官的人，也请教过普通老百姓；请教过白发苍苍的老人，也请教过头上梳着小辫儿的儿童。孔子虚心好学，学无常师，30岁时便成为当地有名气的学者。

孔子时期，纸张还没有出现，竹子是制作书籍的主要材料。人们通常是把竹子削成一片片的竹片，在上面写字，即称之为"竹简"，然后用极为牢固的牛皮绳将这些竹简按照一定顺序编联起来，以方便阅读，这个过程就称为"韦编"。像《易经》这样的书，自然是由许许多多竹简编联起来的，所以相当沉重。

《易经》是很难读懂的一部古书，孔子到了晚年时期才开始研读它，并且下了很大的功夫才把它全部读了一遍，只是基本上了解了它的内容；接着，他又读了第二遍，掌握了它的基本要点；然后，他又读了第三遍，对其中的精神、实质有了比较透彻的理解。之后，为了深入研究这部书，也为了给弟子们讲解，孔子不知翻阅了多少遍《易经》，这样读来读去，把串联竹简的牛皮带子给磨断了好几次，不得不换上新的再读，即使到了这样的地步，孔子还谦虚地说："假如我能多活几年，我就可以理解《易经》的文字与内容了。"

"韦编三绝"所颂扬的核心精神是学习应该勤奋、刻苦。孔子之所以能成为影响中国几千年的思想家，也正是因为他能够不畏艰辛，勤奋学习。中国自古有关勤奋学习的动人故事很多，像悬梁刺股、凿壁偷光等，他们不畏条件简陋，勤奋与刻苦的学习，也给他们带来了宝贵的知识"财富"。

所以，勤在个人，可以养生养品；勤在家庭，万事俱兴；勤在团队，可以让团队养成良好的风气。没有人不珍惜自己的生命，但却很少有人珍惜自己的时间。我相信，只有勤才可以让时间更有意义。天下断无易处之境遇，人间哪得空闲之光阴。所以，珍惜时间，勤劳奋进，人生自有收获，像"天道酬勤"说的应是这个道理。

### 功不唐捐，贵在持之以恒

"功不唐捐"出自佛教经典《法华经》，意思是世界上没有一点功德是白做的，没有一点努力是白费的；一个人的努力会在我们看不见想不到的时候，在看不见想不到的方向生根发芽、开花结果。胡适先生为别人题词的时候特别爱写"功不唐捐"这四个大字。

天道酬勤，功不唐捐。一方面是说我们要有勤快的秉性，另一方面是说一定要将勤快贯穿到底，持之以恒。因为一两次的勤快与执着确实很容易，但是想要一直勤快就需要恒定的动力，否则你会被"感觉太累了""这样值得吗"等一系列的问题所打倒。但是如果心里怀着"功不唐捐"的思想，相信自己只要付出了对得起自己的时间、价值，也许现在收不到任何的成效，但一定会在不久的将来，在你还来不及惊诧的时候使你梦想成真，而这也正是"艰难困苦，玉汝于成"的道理。

## 三、做好"七勤"，不负韶华

为什么有些人能够成功？为什么有些人只能望洋兴叹？原因无他，是因为成功的人真正做到了勤快。世界上的事情都是存在着因果联系的，你种下一粒"种子"，只要辛勤耕耘，来日就能收获让自己都感到惊奇的"果实"。如果你想要做到勤快，收获成功，就一定要做到"七勤"。何为"七勤"？即嘴勤、手勤、腿勤、脑勤、耳勤、眼勤和心勤。做好"七勤"等于一只脚已迈进成功大门。

### 嘴勤

人们在工作中要与身边的领导、同事勤汇报、多沟通才能相互学习和提高，做销售的要多与客户沟通，互通有无，寻找需求。一个人如能掌握最基本的见面礼，并且主动先同对方打招呼，就具备了"嘴勤"的习惯。

我们在平时工作中要养成不懂就问的好习惯，要勤于张嘴，敢于请教，做重大决策时更要多争取一下别人的意见。当我们到一个陌生的地方后更需要嘴勤，不知就问，不会就问，不懂就问，只有这样才能提高工作效率。我们走错路时，会后悔为什么不提前问一下路呢？所以，嘴勤也是勤快的重要组成部分，合理与恰到好处的"说话勤快"能让自己少走许多弯路。

### 手勤

手勤的人喜欢劳动，不怕麻烦，不惜力气，凡事习惯自己亲手做。手勤的人会经常整理家务，做事时会比他人执行力强。手勤的人与人交往时展示了自己的积极、主动、热情，这样不仅缩短了彼此之间的距离，还能给别人留下美好的印象，无形中也在提高自己的亲和力和不怕吃亏的做事风格，同时也培养了勤快的好习惯。手勤的人不论在任何场合都能受到他人的喜爱。

公司里有这样一名员工，他入职时间并不算太长，但已经开始负责一个新项目。负责新项目的运营首先收入要比过去高得多，而且也得到了锻炼和提高的机会，在大家眼里他一定是被人羡慕的一位。公司能提拔他做项目负责人的条件，首先是他人品好、能力强、发挥稳定，除此之外我还发现他每天上班都比一般人早，而且每天都坚持打扫办公室的卫生，给我留下了很深刻的印象。

### 腿勤

腿勤最直接的意思是不怕多"跑路"，不怕辛苦，不怕疲劳。特别是做销售业务的更需要腿勤，只有不断去拜访客户，反复沟通交流，才能说服客户。小时候经常听老人们说："生意都在路上，锯响就有末。"长大后觉得这话说得很有道理。腿勤是不怕千里之外的困难，敢于面对，不怕辛苦，只有不断地走出去收集更多的信息，才能寻找到商机，抓住商机。一个好的足球运动员一场球赛需要奔跑上万米，可以说最有价值的球星，他的荣誉一定是腿勤奔跑出来的。在企业里收入最高的销售员一定是出差时间最长、跑路最多的那一位；能够在球场上取得胜利的一方，同样也一定是训练最多，做准备最为充分的一方。

### 脑勤

我们平时遇事要勤于思考，思考对自己有利以及不利的一面，并且遇到问题要多思考出一个结果，经验告诉我们往往第一个结果有些感性思维，第二个结果才是较为理性的选择。成功人士不但要勤于思考，随时作出正确判断，还要有战略性的眼光。总之，经营活动思路决定着出路，这就需要我们每个人开动勤快的大脑，用尽所有智慧作出正确判断。

我曾总结过这样一句话："作为一个商人，什么都能停，脑子不能停。"我经常当天晚上想好的问题待到天亮结果又变了。为此，我公司铁合金项目原厂长郭荣爱（我二姐）曾说我的计划变得快。后来我对二姐推心置腹地说："计划变得快，原因是我的大脑在不断反复思考问题，最后思考出的方法要比之前的方法更科学合理，为啥不变呢？"所以，脑勤也让我在企业经营中处理错综复杂的问题时减少了很多失误。

### 耳勤

听话听音，想要听出真假话就需要认真倾听，倾听的过程也是一个认真学习的过程，任何场合都要学会勤于倾听他人的心声，要让对方把话说完，不能半路插话。"偏听则暗，兼听则明"，这就说明我们每个人的经历有限，做事情也难免会出现偏差，因此一定要多听听周围人的意见，这样不仅能够指导我们，还能让我们少走弯路。

唐太宗之所以能成为一代圣明的君主，靠的就是善于纳谏，敢听真话。公元630年（贞观四年），唐太宗打算大兴土木，兴建洛阳乾阳殿，大臣张玄素说，在国家还未恢复元气的时候，您这样做的过失比隋炀帝还大，甚至会得到同夏桀、商纣王一样的下场。对待如此尖锐的言辞，唐太宗非但没有动怒，反而接受了意见，下令缓建，还重赏了张玄素。

对于我们来说，特别是作为一名商人，能做到耳勤，能多听听他人的声音和来自不同渠道的信息，能够帮助你作出更加正确的决策和判断。换句话说，任何珍贵的信息也只有你听到了才能作出及时的反应，才有可能将信息变为价值。

### 眼勤

"眼观六路,耳听八方"是对聪明伶俐之人眼耳聪慧的形容。眼睛是心灵之窗,在现实生活中,善于观察和发现是成功人士的必备技能;我们要勤于观察任何有用信息的细节,不能只听汇报。生活中也有"耳听为虚,眼见为实"的说法,如果想要减少工作中的失误,就要养成多调查、多观察的好习惯。一定要养成亲眼看一看的习惯,一些朋友圈子能不能进,需要我们看清楚、甄别好,一旦看错就容易招惹祸端,甚至毁掉自己的前程。有些项目能不能投资,更要亲眼看看,多做调查了解,不能只困于办公室内,只有看清楚、问清楚才能做到心中有数,才能投资成功。我们生活上的方方面面都离不开眼勤,一双勤快的眼睛一定会给主人带来"丰厚"的财富。一双勤快的眼睛更能欣赏到这个世界上更多的美丽与美好。

### 心勤

心勤就是想操心、爱操心、会操心、有意愿做事。"心"是人的主人,只有心动才能行动。沟通需要用心,做事需要凭良心,工作需要上心,对老人和孩子的照顾需要有耐心,社会需要我们献爱心……这一切都需要我们去操心,同时这也是一个敢于担当的人必须具备的法则。一个人只有不断地去用心想事情才能不断地做事情,随之事业才能不断发展。保持心勤的习惯,多注意观察,对待事情多操心、多用心,那么回馈给你的就是不断的创新和创造,如此事业才能得到无限发展。人生需要舞台,你的心有多大,舞台就一定有多大。我们只要拥有健康的心态,拥有一颗勤快的心,就能将我们的事业做得无限大。

### 一勤天下无难事

勤能补拙,天道酬勤。做勤快的人,做勤快的事,"三分天注定,七分靠打拼",只要做到"七勤",相信未来之路就在你的脚下。

# 章节十 "八项注意"之胸怀

## 一、关于胸怀

什么是胸怀？可能我们无法用文字直接表达清楚，但有四个简单的词语，如果我们能做到就已非常了不起，即包容、舍得、吃亏、忍让。能真正理解并践行好这四个词语的人即可称之为有胸怀。

我对胸怀做了一系列的调查和统计，发现胸怀占一个人做事能力的25%，也可以说占一个人人格魅力的25%。胸怀是一个人的第二大必备能力。

胸怀宽广的人能够容得下不顺眼的人，听得进不顺耳的话，装得下不顺心的事，不会轻易误会别人，凡事会往好处想。胸怀宽广的人心态好，平常活得更加幸福、快乐，身体也会更加健康，人也会更长寿。

胸怀是修炼出来的。人生的困惑可解，不必烦恼；困惑无解，烦恼无用。有一位企业家得了一场重病之后，企业才得到快速发展，备受同行的羡慕，没几年时间其企业的销售额就从几个亿发展到50多个亿。后来听他讲，原因就是一场大病之后很多事情想明白了：原来处处算小账，不舍得，格局小，处处纠结，放不开手脚去干。现在想想自己都是死过一回的人了，跟生命相比，钱财都是身外之物。所以，他就放开手脚大胆用人，舍得高薪聘人，遇事少计较，更舍得为大家分钱，企业因此得到了快速发展。由此可见，一个没有胸怀的人一生只能是碌碌无为，一个没有胸怀的老板终究不能成为一个真正意义上的企业家。

**要学会包容**

海纳百川，有容乃大；壁立千仞，无欲则刚。我把包容比作一个人的胃，胃是可以在一定条件下容纳足够多的酸、甜、苦、辣、咸、生、冷、热、冰、凉，这主要来自胃的包容力量。而生活中我们遇到形形色色不同的事、不同的人，应该也像我们的胃一样，去积极地容纳一切，包容万物。如此，我们才能成就自己的事业，才能收获成熟、成功。

### 案例1

清朝时期，张英担任文华殿大学士兼礼部尚书。老家桐城的老宅与吴家为邻，两家府邸之间有块空地，供双方出入使用。后来吴家造房，欲占用这条路，张家人不同意，双方发生了争执。张家人便修书北京，要张英出面干预。张英看了信后，认为应谦让邻里，遂在回信中写了四句话："一纸书来只为墙，让他三尺又何妨？万里长城今犹在，不见当年秦始皇。"家人阅罢，明白了其中含义，主动让出三尺空地。吴家见状，深受感动，也主动让出三尺。这样，两家院墙之间就形成了六尺宽的巷道。这便是有名的"六尺巷"的故事。

真是"争一争，行不通；让一让，六尺巷"。这就是包容的力量和魅力。包容别人其实就是包容自己，多一点对别人的宽容，在我们的生命中就多了一点绽放生机的空间。有朋友的人生路上，才会有关爱和扶持，才不会有寂寞和孤独。其实，包容永远都是一片晴天。人与人之间怎么能离开包容呢？每一个创业者的身边都离不开许多人的支持和帮助，而我们所遇到的每个人的水平、能力都大不相同，各有所长，如果不能很好地理解和包容身边人，又有谁愿意与你同行呢？事业又怎能成功？

在我创业的过程中，为了企业发展我特别注意包容心，即使员工工作没有做好，我跟他们基本上也从没发过火、红过脸，有些资格老一些的员工有情绪甚至发脾气，我也会选择包容。在一些商业活动中，不管客户说得是否有理、中不中听，我都会用最大的胸怀去忍让，以最好的形象展现在客户面前。我常给我的员工讲，我是一个有性格、有脾气的人，但我知道发脾气是能力不足的表现，而不发脾气才是智慧之人，能忍一时之气懂得包容和原谅，才是有胸怀的开始。假如我们有能力处理一切错综复杂的事务，还用得着发脾气吗？

包容就是忘却，包容需要忘却，忘却更需要包容。人人都有痛苦、有伤疤，如果因为一时冲动就盲目地去行事，便只能增添新的创伤，旧痕加新伤更难愈合。忘记昨日的是与非、忘记别人先前对自己的指责和谩骂，就能成就另外一种胸怀和包容。学会忘却，生活才有阳光、才有欢乐。

包容就是不计较，事情过去了就算了。每个人都有过错误，如果执着于过去的错误，就会形成思想包袱，不信任、耿耿于怀、放不开……接踵而至，不仅限制了自己的思维，也限制了对方的发展。十个指头伸出来是不一样长的，人的能力有大小之分，要学会用人之长、容人之短，少计较或不计较身边的人和事，才能聚住"人气"，而后才能聚住"运气"，"财气"才能召之即来。

### 案例2

孔子有一个学生跟一个来客抬杠，学生说"一年有四季"，来客说"一年有三季"……就这样，你来我往两个人始终争执不下，于是两个人就约定去问孔子，并且打赌：谁说错了就给对方磕三个头。正巧这时孔子从屋里走出来。听完述说之后，孔子看了一眼客商，说道："一年有三季。"学生只好给来客磕了三个头。来客得意地走了。学生很不解地问孔子："老师，您不是教我们一年有四季吗？今天怎么说是三季呢？"孔子说："你没有看刚才那个人全身都是绿的吗？他分明是田间的蚱蜢转世，蚱蜢春天生秋天就死了，生命只有三季。他从来没见过冬天，你和他坚持说一年有四季，他能理解吗？就是吵到晚上也不会有结果啊！"

"三季人"的故事，大家耳熟能详，事实上，社会上"三季人"也普遍存在，做人不要处处较真，在别人和自己意见不一致时也不要勉强。从心理学角度看，任何想法都有其来由，任何动机都有一定的诱因。想问题的出发点不同，结果自然就会不同，了解对方想法的根源，找到他们提出意见的基础，就能够设身处地的提出合理化的解决方案，如此方能契合对方的心理而被接受。

包容不是软弱，它是一种坚强，更是一种智慧。从另一个角度来说，包容要以退为进，积极地防御，但它所体现出来的退让是有目的、有计划的，主动权应该掌握在自己的手中。无奈和迫不得已不能算包容，包容的最高境界应是对众生皆有怜悯。在创业过程中，如果要想学到更多的本领和智慧，就要先学会包容，甚至去包容我们难以包容的事情。

**要学会舍得**

传说人死后离开阳界需要到地府去接受阎王爷的重新发落，如果这个人在世时，好事做得多，就被允许转世投胎为人；但如果好事做得少，只能被发配做牲畜轮回；做过坏事的，不能转世，只能在阴界做鬼；坏事做得太多的，不但不能转世，就是在阴界当鬼都不行，要被放在油锅里永世煎熬，以示惩处。有两个人离开阳界，来到了阴界，战战兢兢地站在阎王爷面前等待发落。阎王爷拿起《功过簿》翻了翻，说："你们俩在世时没有做过什么坏事，准许转世仍然为人。"这两个人听说转世为人，非常高兴。不过，阎王爷又说："有两种人间生活，供你俩选择：一种是'舍'，一种是'得'。'舍'就是放弃、付出，'得'就是索取、得到。"其中一个想，"得"好啊，别人都给予我，于是说："阎王爷，我要过'得'的生活。"阎王爷看一看另一个，说："你只好过'舍'的生活了，要放弃、要付出。"另一个说："只要能转世为人，我愿意。"阎王爷嘿嘿一笑说："好了，你俩投胎转世为人去吧。"于是这两个准备投胎的人又成了阳界的人，一个过上了"舍"的生活，另一个过上了"得"的生活。

大家想想，这两个人过上的是什么样的人间生活呢？先说"得"的生活，是索取、得到，别人都给予他，是什么？对了，是乞丐。那么，"舍"的生活呢？是放弃、付出，给予别人，是什么？对了，是富人，乐善好施。

人生之道，玄之又玄，有得有失，得失参半。经商，有赚有赔乃是常理；事业，有起有落也是常规；计划，有成有败方验收效；比赛，有胜有负才能定论输赢；股票，有涨有跌才是经济；成绩，有高有低才有动力；地位，有上有下方知进退；机遇，有好有坏才能脚踏实地……松柏竹梅，必经风霜雪雨，才能茁壮成长；生而为人，不可能一帆风顺，平步青云。"塞翁失马，焉知非福"，知道这个故事的道理，就不要再在舍和得上面太过于计较了。有舍才能有得，我们吸入空气之前就必须先呼出气体，这就是先舍后得。

我有个本家叔叔，因家贫始终没有成家，在他晚年体弱多病的日子里，母亲多次安排我和几位姐姐回老家探望，经常给他送些零花钱。听母亲说，20世纪50年代生活最困难的时候，母亲和村里的同伴一起出去逃荒要饭。一次，本家叔叔去4公里之外的火车站接自己的妹妹，结果叔叔的妹妹没坐上这趟车，遇到了背着几十斤东西下车准备回家的母亲。我的母亲是旧社会出生的，裹着一双小脚（三寸金莲），自己走路都走不稳，扛着几十斤重的东西确实十分困难。本家叔叔见状毫不犹豫地帮助我的母亲把东西扛到了家。本家叔叔的这个举动，在今天看来不算什么，但在那个吃不饱饭、人人都想"自保"的年代，显得尤为难能可贵。时隔这么久，母亲一直无法忘记这件事，并且十分感激这位本家叔叔，常常在我们面前提起这件事，嘱咐我们回老家要多去探望他。这是一个多么真实的关于舍与得的因果关系的案例啊。

### 要学会吃亏

人生在世，只要有利益关系存在，就免不了有吃亏与占便宜之分。由于吃亏和占便宜是同一个矛盾的两个方面，在一定条件下可以相互转化，因此学会吃亏就成了生活的辩证法，成为一种人生哲学。作为经商之人，在生意场上不但要审时度势、把握机遇，更要懂得该吃的亏一定要吃，要有吃小亏换来大成就、大收益的智慧。吃亏的秘诀在于吃的是"亏"而得到的是"口碑"，亏的是利益而得到的是好的人品，毕竟大家都愿与有好人品和好口碑的人往来。这应当也是懂得吃亏的人容易作出成就的原因。

在我们集团经营过程中不乏有些甘愿吃亏的事情。2013年，我们新成立了一家公司，生产的是预合金粉末，由于是新项目，为了便于客户使用，让客户无后顾之忧，我们果断作出承诺："凡购买我公司产品6个月内无条件退货或换货。"这样的举措让客户可以放心、大胆地与我们合作。2015年，公司又对新投产的燃烧器项目，对客户作出同样的承诺："凡购买我公司产品自调试之日起100天内无条件退货或换货。"如此大胆的售后保障让客户使用设备的信心大增，使我们的销售业绩在国内名列前茅。这就是我们敢于吃亏、不怕吃亏的实例见证，而吃亏背后所换来的则是"大便宜"，使得公司在短短几年内就得到了史无前例的快速发展。

我们要正确认识吃亏，从表面上看，吃亏会带来损失，但从另一个角度来看，吃亏也有好的一面、受益的一面。

1. 吃亏是德

正因为吃亏是一种有损自己、利于他人的行为，所以人们在思想深处是不愿意主动吃亏的，故而也就有了"德不高者不甘吃亏，心不诚者不愿吃亏，品不正者不肯吃亏，行不端者不能吃亏"的说法。对于品德高尚的人来说，因为他们懂得"退一步海阔天空"的道理，与人相处懂得谦让，能利他人。

2. 吃亏是福

趋利避害是人的本性，你吃点亏，让别人得利，别人就会为此感动，就会乐意与你合作共事，并帮助、支持你，使你的事业兴旺发达。所以，能吃亏的人通常有好人缘，别人一般不会与你过多计较，即使你有小过错他们也会选择原谅，更不会给你出难题，这就为你的发展创造了良好的环境。同时，能吃亏的人不贪小便宜，也就不会因为贪小便宜而上当受骗、自取其害。对于自己来说，虽然吃了亏但没有损害别人，更不必担心别人找麻烦、报复你，也能心安理得、坦荡做人。

有一位医学博士经过多年研究认为：能吃亏的人心态比较平稳，而想方设法占小便宜的人心情就会比较容易紧张。爱占小便宜的人患中风和高血压、胃病、皮肤病、血管阻塞的概率，分别是能吃亏的人的2

倍、3倍、4倍和5倍。这从医学的角度证明了吃亏是福。

3. 吃亏是智

智者都善于吃小亏收获大成就。比如经商，那些经常因为眼前的蝇头小利斤斤计较的老板，看似精明其实水平一般，他们往往会因此而失去长远的大利；睿智的老板则会主动舍掉眼前的小利，他们会拿出更多的"利"让给别人，让别人也能赚钱。自己吃亏在明处，却能收获更多的回报，这就是经商的智慧。

李嘉诚曾提出过生意场上的"利人法则"——越是只想自己赚钱的人越赚不来钱，要有钱大家赚。他强调做事要有全局胸怀，要牢记小利不舍、大利不来的道理。得理让人，得利让人，利益均沾，以吃小亏换来"大便宜"，这不仅仅是经商艺术，更是充满智慧的人生哲学。20世纪80年代初期，李嘉诚出任10余家公司董事长或董事，但为了公司的利益和发展，他的年薪始终保持在5000元港币的水平，仅仅是当时公司1名清洁工的工资标准。李嘉诚这样做，深得众多股东好感，他想办大事时很容易得到股东大会的通过；但是，他作为大股东，公司股票分红也给他带来了颇丰的收益，所以相比来说，他收获的是"大成就"。

吃亏不是与世无争，不是窝囊受气，不是自认倒霉，也不是自讨苦吃，而是德、是福、是智，是一种处世艺术，体现了先弃后取，通过吃小亏来成就大成功的智慧。诚信是立身之本，吃亏乃处世之道。吃亏能在为人处世中提高诚信度。说话算数、讲诚信，说出去的话就像泼出去的水，就是吃亏也要兑现；不能因为有困难，担心自己会吃亏就不去履行、不愿意兑现。总之，吃亏是精神品德与物质利益的混合体。吃亏一次，虽然会在物质利益上失去一分，但却能在精神品德、做人口碑上升华一寸，可以在长远的人品与诚信上得到十分。所以，经商的人在生意场上要学会吃亏让利，灵活经营，合作双赢，通过吃小亏换来大成就。我们做人学会吃亏，人人愿意与你相处和交往。做企业学会吃亏，客户就愿意与你长久合作。吃亏是让别人舒服、让别人认可的最简易的销售模式。

人生在世，该吃的亏一定要吃。老人常讲："吃亏人常在，沾光沾光越沾越光。"特别是当自身条件优于别人时更要学会吃亏。

做过企业的人都说,老员工和企业高管离职是一件十分不快的事情,需要付出不小的"代价"。有很多企业都没处理好这层关系,最后闹得不可开交,甚至对簿公堂,严重影响了企业的发展。几十年来,我处理这类情况的方法就是肯舍得、敢吃亏,既然员工要离职或辞退他,就要好聚好散,要尽量让对方离开时少些误会和不满。

## 二、"忍让"不同于"包容"

包容是对万物的理解,是对他人过失的原谅,是主动放弃。而忍让是高规格的包容,是对"侵略者"的容忍。所以,忍让要比包容更难做到。忍让,是大智大勇的表现,它不计较一时的高低、眼前的得失,而是胸怀全局,着眼未来;忍让,是一种传统美德,它以宽广的胸怀、无私的心灵去容忍人、团结人、感化人;忍让,是一种修养,它面对荣辱毁誉,不忧不喜,平静如水;忍让是较高的做人境界。

下面让我们一起来了解一下"张良纳履"的故事。

### 案例 3

有一天,张良正在下邳的桥上散步,一位身穿粗布短衣的老人来到张良跟前,故意把鞋子丢到桥下,对张良说:"小子,下去拾鞋。"张良气得想揍他,但看他年老,就耐着性子到桥下把鞋拾了回来。老人又要他帮忙穿上,张良跪着小心给他穿上了鞋。之后,老人看了看张良,大笑着走了。张良非常吃惊,目送他离去。老人走了约一里路,又转回来,对张良说:"你这个年轻人可以教导,5天后天亮时,在这里和我会面。"张良答应了。

5天后天刚亮,张良来到桥上,老人已先到了,非常生气,说:"跟老人约会,怎么能迟到呢?"又说:"5天之后早点来。"说完离开了。5天后,鸡刚啼鸣,张良就去了,老人又已经先在那里了,他又非常生气地说:"又迟到了,为什么呢?"他转身又走了,并说:"5天之后再早点来。"又过了5天,张良未到半夜就到了桥上。过了一会儿,老人来了,高兴地说:"应当这样。"老人拿出一本书,说:"读了这本书,你就可以做帝王的老师了。"说完,老人转身就走了,再也没出现。天亮时,张良翻阅那卷书,惊奇地发现自己得到的是《太公兵法》,这可是天下早已失传的极其珍贵的书呀。此后,张良捧着《太公兵法》日夜攻读,勤奋钻研,终于成为一个深明韬略、文武兼备、足智多谋的"智囊",并帮助刘邦建立了汉朝。

所以,无论从事什么职业,学会忍让是一个人必备的技能。"小不忍则乱大谋",这是一句至理名言。世上哪有随随便便的成功?有人说:"老板是天生的。"这话不无道理,老板生下来就是爱讲道理、爱吃亏、能忍耐的人。

创业初期,公司规模小、人员少,是靠着朋友、亲戚和同学的关系来维系运营的。由于公司员工都是靠着关系进来的,加上缺乏企业文化、缺乏管理制度,企业内部存在着员工越是有能力越是不好管、越是业绩好越是不听话的情况。但在当时的环境下我做到了当让则让,以最大的容忍度和忍让之心渡过了企业发展的困难阶段,从而成就了今天的集团公司,也成就了我的事业。

所以,我们想要成就一番事业,想得到做人的好口碑,就必须学会遇事先忍耐,学会遇事理智分析;不能轻易有情绪,更不能随意发脾气,生活中忍让无处不在,与家人和朋友间的,与领导和同事间的,还有与陌生人间的,无论沟通还是利益合作都需养成忍让的习惯。因为**"成功就是考虑别人"**!

### 三、胸怀和事业

人这辈子,没必要计较鸡毛蒜皮的事儿,在生活中我们要学会宽容。宽容了别人,就等于善待了自己,它能使自己的生活变得轻松、快乐。一个人有了宽大的胸怀、有了可以容纳万物的心,才能够成就一番事业，才能够快乐而幸福地生活。宽容是一种修养，是一种境界，是一种美德；宽容是原谅可容之言、饶恕可容之事、包涵可容之人。

大将军韩信受"胯下之辱"无疑是对其驰骋天下、成就伟业的胸襟的一种锤炼。任何一个企业要想做强做大，企业家没有博大的胸襟是不可能做到的，企业家只有舍得为员工分钱，处处考虑大家、考虑客户，其企业才能发展壮大。企业的精英留不住，主要还是老板的胸怀不够大造成的，要么不能包容别人的缺点，让其内心受委屈，要么不舍得给企业精英分钱，让其收入不满意。

中国民营企业的平均寿命不到 3 年，许多企业的股东不和睦，其原因大多与胸怀有关。我们公司近几年发展变化很大，分析其主要原因还要从十几年前说起。那时候我就特别重视培养年轻员工，重视他们的年度总收入，他们的收入是许多同行的几倍之多，企业就是在这样的情况下留住了人才，才使今天的公司越做越大。

在众多家庭中，父子关系、婆媳关系、兄弟关系不和睦的原因也跟胸怀有关。如果家人之间斤斤计较、不愿吃亏，又不愿意多忍耐一点，如此就容易发生矛盾。我看过许多关于长寿老人的采访，长寿的秘诀就是老人都有一个乐呵呵的性格，很少与人生气，从不与别人计较得失，不管多大的事也不往心里去，每天快乐、健康地生活。由此可见，胸怀是多么的重要。

### 人有多大胸怀，就能做多大事业

工作多年，我有这样一个观点：
你若今生有想做 100 个亿的胸怀，你努努力可能会做 80 个亿。
你若有做 5 个亿的胸怀，你努努力可能会做 3 个亿。
你一年挣 10 万元和 20 万元是有区别的；当你一年挣 2000 万元时和挣 1800 万元就没多大区别了。

人生中胸怀、格局、境界便是如此重要。做企业前期，我根本就没有把企业做大的胸怀和想法，所以，过去的 17 年里公司没有太大的改变和发展。近几年来，有了做河南百强企业的胸怀，并给企业制定了

"双亿"目标（2025 年，年纳税过亿，年赢利过亿）。自此，我的企业每年的营业额和纳税额都在快速递增，新项目也不断涌现，各路技术人才纷纷加入我的"阵营"。企业做好是国家的，做不好才是自己的。因此，作为企业家别把钱看得太重，要真舍得，要真想得开。钱财其实都是身外之物，当企业做到一定规模，更要学会换位思考和全方位考虑，比如国家利益、社会利益、客户利益、企业利益、员工利益等，这五大利益任何一方缺失都不可能使企业健康发展。

李嘉诚说，他为三件事睡不着觉：一是全球水资源缺乏，将来地球人怎么办？二是随着人类的快速发展，环境污染严重，这让我们的子孙后代如何生存？三是中国占全球人口的 20％却只有全球 9％的粮食，那么，未来我们的后代吃饭是不是问题？这样看来，只有放眼全局方能领导全局，胸怀天下者才能治理天下。你的胸怀有多大、格局有多大，事业就能做多大。

一个人很难挣自己认知之外的钱。胸怀从某种意义上讲就是"认知"。为什么许多大企业家都是慈善家？是有钱了才捐款？还是越捐款越有钱？一般人都会考虑："日进斗金，才能挥金如土。"有胸怀的人会考虑："不挥金如土，怎能日进斗金。"其实，正是企业家们很早就明白了舍与得的道理，始终怀揣着为大家、为他人考虑的宽阔胸襟，最终才成就了自己的成功之梦。

### 多个朋友，就少个敌人

"人的一生，你可以没有朋友，但不能有敌人，没有敌人处处都是朋友。"这句话是我在工作中总结而来的。人生就像一头大象，敌人就像蚂蚁，而大象在明处，蚂蚁却在暗处，我们真不知蚂蚁什么时候会咬大象一口，假如咬大象的蚂蚁多了，那就有可能危及大象的生命。

**案例 4**

林肯当选为美国总统后，将一个一向不满自己的政敌任命要职，引起许多人的非议。有人尖锐地批评林肯，不应该试图和那些政敌做朋友，更不应该把大权交给他们，而应该"消灭"他们。面对这些责难，林肯温和地对朋友和支持者说："当他变成了我的朋友时，难道我不是已经消灭了敌人吗？"

生活中人与人之间一些小的误会和摩擦，既影响心情又影响合作和发展。我们应该争先抛出友谊的橄榄枝，主动问候一声，主动承担一些责任，主动说声对不起。我觉得这不是软弱，也不是无能，相反这是一种有胸怀的表现，更是成功必备的条件。这也是人生多一个朋友少一个敌人，多一个朋友多一条路，朋友多了人气旺、运气好的因果所在。

### 一个有胸怀的人，最终会得到回报

当年，曹操与袁绍对垒，双方实力相差悬殊，于是曹操的很多部下与袁绍暗中勾结，来为自己留条后路。曹操打败袁绍之后，缴获了大量曹军将领与袁绍往来的信件。这些信件被拿到了曹操的面前，谁都以为曹操会深究此事。没想到，曹操一把火将这些信件烧为灰烬，既往不咎。那些暗通袁绍的人对曹操此举感激不尽，都心甘情愿为曹操效力。从此，曹军上下更加齐心，曹操的力量更趋强大。

公元200年，关羽兵败下邳与刘备失散。关羽为保兄长妻小，在与曹操约法三章后不得已降曹。曹操十分敬重关羽，对关羽三天一小宴五日一大宴，封侯赐爵，礼遇有加。但关羽却不忘旧盟，当得知刘备下落之后，立即挂印封金，不辞而别，过五关斩六将，与刘备、张飞相聚。曹操也信守承诺，不仅没有怪罪，反而亲自为关羽送行。关羽"身在曹营心在汉"的故事后来演化成为忠臣义举的代表。不过，这不也正体现了曹操的胸怀吗？后来火烧赤壁，曹操败走华容道，关羽网开一面放其一条生路，又难道不是一种回馈与报恩吗？

当今社会，也有很多类似故事。我们今天的收获和取得的成绩，除了我们自己的辛苦付出之外，一定也离不开多年之前某个老师、朋友或亲人的帮助，我们当怀回报和感恩之心。我也坚信大家都不会忘记过去曾经为自己付出辛苦的老师和亲人们。所以，平时对身边的人多予以包容和理解、帮助与支持，就是一种胸怀，终会有回报。

## 四、如何提升胸怀——"胸怀境界八维图"

一个人如何提升自己的胸怀呢？在工作中，我总结了八个维度，又称"胸怀境界八维图"（见图10-1）。

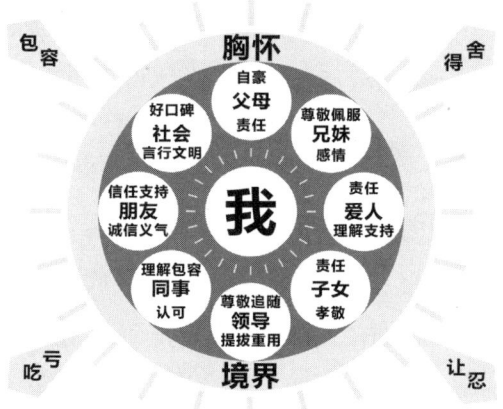

图 10-1　胸怀境界八维图

"八维"包括父母、兄妹、爱人、子女、领导、同事、朋友、社会。如果我们每个人都把这八个维度做好了，就基本称得上是一个有胸怀的人。

父母之"维"：对父母孝顺是做儿女必须履行的责任，我们对父母尽到责任，父母就会对此引以为豪，更会逢人就夸自己的儿女孝顺、有责任；同时行胜于言，等我们老了，孩子们也会像你孝顺父母一样去孝顺你。我们凡遇"不孝之子"应首先查找自身原因，自己对父母是否承担了责任？这也是"释"文化的精髓所在，即"因果轮回"。

孝顺是一个很伟大的词汇，更是中华民族的传统美德。我对孝顺的理解是："孝"即为孝敬，"顺"则为顺从、顺利、顺心，也就是说越孝顺老人、顺从老人，越事事顺利、顺心。赡养父母是一种责任，只有孝敬父母的人才能连接起（继承）父母的智慧。父母的智慧是上几代人的智慧传承，如果经常去看看父母，多陪父母聊聊天，父母就会把几代人积累的智慧无形中传授给你。正如父母手上有个苹果，谁去了，父母就会先给谁吃一样。为此我还特意总结了一句话：**"看书不如看父母！"** 就是说我们闲暇时光应尽量多去陪陪父母，这在某种意义上比看书收获的智慧还大。

兄妹之"维"：兄妹之间应勿忘手足感情，我们应在条件允许的情况下主动帮助兄妹，这既是一个人的责任又是胸怀所在，久而久之定会得到他们的尊敬和佩服。

爱人之"维"：平时对爱人认可和尊重，同样在工作中也会得到爱人的理解和支持，爱人也定会助你事业成功。

子女之"维"：作为父母要对自己的子女负有责任，要多与子女沟通，善于发现孩子身上存在的问题，并帮助他们解决问题。要多给孩子一些爱，父母的正确处世方法会潜移默化地影响子女，使子女早日形成自己的人生观和价值观。

领导之"维"：领导一定有他的过人之处，作为下属要有敬佩之心，更要学会"服气"，要有追随力，这样才能获得重用和提拔。工作才能顺心顺意。

同事之"维"：和同事相处，要相互理解，要有包容心，要敢于吃亏和忍让，能做到这些就一定能得到同事的认可。

朋友之"维"：与朋友相处要讲义气和诚信，要说到做到，表里如一，要讲道理，这样做就一定能得到朋友的信任和支持。

社会之"维"：我们言行文明，就会得到社会良好的口碑赞誉。这就要平时少说或不说粗话、脏话，不随手乱扔东西，保护好身边的环境，对待身边人要礼貌、谦逊等，做到这些社会就一定会认可你。

其实，"胸怀境界八维图"是一个很简单的图形，但其所表达的意思远不止这些。"八维图"代表了一个最基础的做人标准，且代表了"德"，做到了就是有德之人，相反就是少德甚至无德之人。"八维图"又是一面镜子，为提高做人胸怀树立了简单的标准，让我们时刻能够对标达标。总之，按照"八维图"这八个维度去实践，就能提升我们的胸怀和境界，就能扩大我们的事业规模。

在事业发展中，我经常拿自己的各个方面来对照"八维图"，并且长期坚持按照"八维图"去做，它让我无论做人还是做事都很顺意。我深信"八维图"就是提高一个人胸怀和境界的简单"工具"。

## 五、感悟做人

有的人知识虽"薄"却取之不尽，有的人知识虽"厚"却难以施展。什么原因？人品是关键！好人品把仅有的知识用在了正能量方面，用在了人人最需要的地方，用在了恰到好处的时机。故知识虽薄，也能厚大家，取之不尽，用之不完。反之，满腹经纶不知厚薄之道，终一梦难成。好人品必须具备一定的胸怀，有胸怀的人会主动为别人着想，为全局着想，做事也才能恰到好处。

父亲常教诲我："**精人别刁，傻人别孬，富人学厚，穷人学好。**"这也是家族几百年流传下来的做人处世之道。

"精人别刁"是指假如一个人既精明能干又聪明伶俐还处处胜过别人，为人处世时一定不要学刁钻，不要去算计别人。因为，一个既精明能干又聪明伶俐且性格又刁钻的人，是无人愿意与其相处的。

"傻人别孬"泛指那些比不上"精明人"的人，所谓的"傻人"，这类人平时智商、情商比不上别人。这种人千万不要学坏，不要学孬，要做个好人。否则，同样不会有人与其相处和交往。

"富人学厚"是指相比别人各方面都很富裕的人，要学会厚道，也就是处处要准备多吃亏和敢舍得。否则，大家会说你太小气、太自私，自然会与你渐行渐远。

"穷人学好"是指穷人要堂堂正正地做个好人，做个正派的人，这样会受到身边人的尊重，赢得大家的认可和帮助，自身条件也会慢慢变好。否则，就不止是经济上贫穷，其他方面也会变得更穷。

## 六、人生金字塔

通过总结和研究，我发现人生成功关键的几个字都与胸怀有关，可以说读懂、悟懂可笑谈人生（见图10-2）。

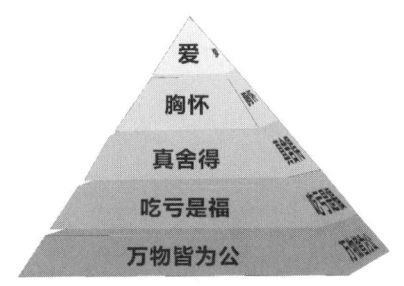

**图10-2　人生金字塔**

"人生金字塔"想要表达的是，一个人想要获得成功就必须提升自己的胸怀和格局。假如用5个字来形容一个成功人士应该具备的特点，那就应该是"万物皆为公"。一个人能真正悟懂这5个字的含义，无论是在工作或事业方面都会得到快速发展。万物皆为公告诉我们无论遇到任何事要想得开、放得下，不要去计较个人的得失，人生的一切皆是"生不带来，死不带走"，世间万物皆为大家所有。想开、想透、想彻底，无论做什么事情都将很轻松、自如。

人生关键的4个字——吃亏是福。学会吃亏，处处能吃亏，吃亏人常在，懂得吃亏是福的人，则已经具备了很高的做事胸怀与境界。

成功3个字——真舍得。舍得舍得，越舍越得，大舍大得，小舍小得，不舍不得，这是中华民族的传统文化宝典。所以，先舍才能后得，生活中我们要真舍得，成功才会向你走来。

成功2个字——胸怀。如果一个人具备了宽广的胸怀，那么他想不成功都很难。这是我一个出身最基层的农村人，从和土地打交道再到和人、和企业打交道得出的最真实的感受。

成功用1个字来描述——爱。爱是什么？是博大的胸怀，是处处的包容，是高尚的境界和格局，有爱就有一切。"爱者无碍"，有大爱的人，做任何事情都不会有阻碍。"爱者无矮"，有爱心的人，无论任何时候都不觉得自己比别人矮小。"爱者无癌"，有大爱的人，心情会保持良好，会时时处于健康、阳光的状态，不会患大病。一个有大爱的人，其目光中时刻充满着爱的光芒，他收获的也一定是爱的眼神。

## 七、提升胸怀的口诀

生活中人们想提升自己的胸怀和境界，最简单、最直接的方法就是记住**"包容、舍得、吃亏、忍让"**这8个字。这8个字也是提升胸怀的口诀。

需要注意的是，有些文字认识、会写即可，而有些文字对我们非常重要，不但要认识、会写，还要会用，要天天使用，时刻使用。所以，口诀再重要也只不过是几个字而已，还需要我们去认真领悟，经常去用，并且坚持灵活去用，方可有效。

另外，我们也可以通过**"有财布施，无财七施"**的方法提升、修炼胸怀和境界。"有财布施"，容易理解也容易做到，就是通过施舍钱财多做善事，多承担社会责任。要想做到"无财七施"，则需要宽广胸怀。

"无财七施"中的"七施"包括颜（面）施、言施、心施、眼施、身施、座施和房施。如果你具备这七种习惯，自然也就具备了宽广的胸怀，好运自然会来，做事自然会水到渠成。

# 章节十一 "八项注意"之承担

## 一、关于承担

在生活中,承担几乎可以涵盖一切积极向上的正能量词汇。承担最直观的意思就是承当、承受、负责任等,也可以是担当、担负、接受、负担。多年的工作和生活经历使我明白,承担为最普遍的一种应用,也是日常生活中比较容易理解和做到的。像有诚信、敢吃亏、讲道理、守时、守约、孝顺、诚实、感恩、有责任、说到做到、表里如一等,都属于承担的范畴。我们做错事情,知错并敢于认错,就是承担。别人对我们有恩,我们懂得回报于人,是感恩,也是承担。承担是做人修身最重要的能力之一。我在对500人进行"人们最喜欢性格"调查时发现,承担是点击率最高的性格词汇,占比32%,也可以说承担占了一个人人格魅力的32%,足见其重要意义。

### 案例1

2015年,当时儿子正找对象,一次我去看望90多岁的父亲,我问父亲:"爸,现在该给您孙子找媳妇了,您给参谋一下呗,找个啥样的?"他毫不犹豫地说:"找个一般人就行,只要讲道理就行。"

依着父亲的眼光,孙媳妇的美貌、学历、经济条件、家庭背景等统统都不重要,重要的是讲道理,说到底还是要找敢于承担的人。

### 生活中的承担

承担要求我们每个人都要养成对家庭、对企业、对社会的责任和担当，谁能拥有这些，谁能理解和做到这些，谁就能轻松驾驭生活中的一切，成功就一定会属于谁。

### 案例 2

1912 年，有一个 11 岁的美国男孩，踢足球时不小心打碎了邻居家的玻璃。邻居向他索赔 12.5 美元。在当时，12.5 美元可是一笔不小的数目，足足可以买 125 只生蛋的母鸡！男孩没有办法，只好去向父亲承认错误，请求帮助。然而，父亲却斩钉截铁地说："你必须对自己的过失负责。"男孩非常为难地说："我哪有那么多钱赔人家？"父亲拿出 12.5 美元，对男孩说："这钱可以借给你，但一年之后你必须还我。"为了偿还这笔不小的"债务"，男孩从此开始了艰苦的打工生活。经过半年的努力，男孩终于挣够了这一"天文数字"，把钱还给了父亲。这个男孩就是日后的美国总统里根。他在回忆这件事时说："通过自己的努力来承担自己的过失，使我懂得了什么叫责任。"

在字典中，承担作为动词出现，意思是接受并担当起责任，意在强调行动的重要性。承担是不需要每天都挂在嘴边的，它是一种埋藏在人心底的意识，需要用实际行动来表达，父亲希望里根明白的也是这个道理。一个人最重要的品质之一就是要有责任感，一个缺乏责任感的人一定不会受他人青睐。在遇到事情的时候我们必须要主动承担后果，一个人也只有从小学会担当，长大了才能自然而然地养成责任心。在这一点上，为人父母的应该多向里根的父亲学习，通过平凡的小事培养孩子的承担品质，让孩子意识到承担的重要性。

**承担之讲道理**

平常我们所说的讲道理，一般指说话、做事合情合理，讲规矩。讲道理是人们最容易接受的一种交流方式，不能做到平等与公平的人是无法做到讲道理的。儿童时期如果能做个听话的孩子，一定会受到家长的夸奖和喜欢，因为他懂得了最基本的讲道理。一个人人都知道讲道理的家庭，必定会是一个团结、和睦的家庭。

同样，做企业更应该讲道理。企业的讲道理不单单是指要信守约定、认真履行合同条款，更重要的是即使出现合同争议，也应该依据合同条款解决争议，并不是谁占主动谁就可以忽视合同的约定、随心所欲地处理问题。如果是这样，那一切就成了不讲道理的表现了。在企业经营中，双方如果没有合同的应该按照口头约定去执行；既没有合同又没有口头约定的应按道理、按规矩去办；双方执行合同或履约困难时应采取各退一步的原则，本着做事留有余地、退一步海阔天空的心理来处理……如此便是我们所说的讲道理。

### 案例 3

2013 年，一个钢结构施工队为我们的钢结构工程施工。由于施工方图纸设计有误，最后在施工精度方面出现了误差，形成视角上的严重差别。假如我们要求重新施工就会让其损失近百万元，考虑到对方的实际情况，在不影响安全使用的前提下，本着建立持久友好关系、将施工方损失降至最低的原则，与对方达成了谅解协议，施工方也免收了我们部分质保金。出现这样的事情，我并没有得理不饶人，而是通过讲道理的准则，处理结果让双方都能接受。但故事并没有结束。因为这次讲道理赢得了这位钢结构施工队老板的尊重，几年后，他为我们公司介绍了一个装备制造的好项目，又为我们引荐了一位机械制造专业的博士，公司也正是借此实现了成功转型，由此步入了转型发展的快车道。

企业转型有时候可望而不可求。以此为例，假如我因自己占据主动就随心所欲不顾情义，那么，公司的这次转型机遇也就不会有。

其实，在经营企业的过程中，每家企业都会存在着应收和应付货款问题，因催要货款，有时公司业务员春节都不能回家。不过，在我经营企业的近三十年里，从没有出现过一例正常供应商前来催款的现象，更没有春节前来我公司坐等要货款的。客户按照合同约定发货，我们也必须无条件履行合同约定，这展现的是一种做事讲道理的风范。通过分析，我总结了企业的总格言"三句半"——"**说话讲道理，做事凭良心，做人坦荡荡，此生美也**"。我常给别人讲我从农村到省城、从农民到商人的成功转变，这"三句半"发挥了重要作用。

2017年，我总结的集团公司**核心价值观——"承担、胸怀、沟通、平等"**也充分体现了这一点。其中的"平等"就是要求企业员工之间人人平等，各级领导与员工之间相互平等。用我的话说就是，在公司绝不能以大压小、以强凌弱、以高压低，要做到相互平等与尊敬，我认为这就是做企业的讲道理。

讲道理是做人、做企业的最高境界，也是做人、做企业的最低标准。这是中国传统文化的精髓，但是在种种原因之下，这一最简单的做人品质却被许多人忽略了，这算是中国文化的"悲哀"，更是做人能力的一项重大损失。老辈人常说："一个好女人能幸福三代人。"我觉得这里的"好"字，排在第一的当数讲道理。怪不得年迈的父亲跟我说，找媳妇只要讲道理就行。

### 承担之有责任

责任有着丰富的文化内涵，可以从不同层次、不同形式来进行区分，也可以从不同领域、不同角度去认识。责任无处不在，它存在于生命的每一个"岗位"当中，例如父母养儿育女、儿女孝敬父母、老师教书育人、学生尊师好学、医生救死扶伤、军人保家卫国、企业对社会和员工负责，等等。人在社会中生存，就必然要对自己、对家庭、对集体、对祖国承担并履行一定的责任。

责任有不同的范畴，如家庭责任、职业责任、社会责任、领导责任等。责任只有轻重之分，而无有无之别；责任是神圣的，不以任何人的意志为转移。不履行道德责任，就会受到道德的谴责和良心的拷问；不履行法律责任，会受到法律的追究和制度的惩处。责任和权利是对立统一的，没有无责任的权利，也没有无权利的责任。一个人的权利往往是他的责任，一个人的责任往往也会成为他的权利。享受一定的权利，必须尽到相应的责任；尽到一定的责任，才能享有相应的权利。

一个人责任心的大小在某种意义上决定了这个人的道德品质高低。一个责任心较强的人，无论从事什么行业、担当什么职务都能把事情做得非常到位,从而获得大家的认同和欣赏。一个人在工作中最为珍贵的就是责任心,我们可以比别人的能力弱但一定不能比别人的责任心差。

● **案例 4**

　　武汉市鄱阳街有一座建于 1917 年的 6 层楼房,该楼的设计者是英国的一家建筑设计事务所。20 世纪末,也就是这座叫作"景明大楼"的楼宇在漫漫岁月中渡过了 80 个春秋后的某一天,它的设计者远隔万里,给这座大楼的业主寄来了一份信函,函件告知:"景明大楼为本事务所在 1917 年所设计,设计年限为 80 年,现已超期服役,敬请业主注意。"

　　80 年前盖的楼房,不要说设计者,连当年施工的工人也不会有几个在世了吧?然而,至今竟然还有人为它的安危操心!操这份心的竟然是它的最初设计者——一个异国的建筑设计事务所。

　　人只有有了责任感,才能具有驱动自己一生勇往直前的不竭动力,才能感到世界上很多有意义的事都需要自己去做,才能感受到自我存在的价值,才能真正得到人们的信赖和尊重。责任感是一种自觉、主动地做好分内、分外一切有益事情的精神状态。责任感与一般的心理情感所不同的是,它属于社会道德心理的范畴,是思想道德素质的重要内容。从本质上讲,它既要利己,又要利他人、利事业、利国家、利社会。英国的这家建筑设计事务所对自己 80 年前设计的建筑尽到了应有的责任和担当,我相信所有的人都将不会怀疑这家建筑设计事务所的能力、水平和诚信。

### 承担之敢于吃亏

　　"吃亏是福"的例子不胜枚举,下面我介绍一个与客户交往中不怕吃亏且受益良多的案例。

● **案例 5**

　　通常,燃烧器设备运行 30 天就可以看到效果,但我公司燃烧器规定:"自产品调试之日起100天内可无条件退货或换货。"

有一个重庆的客户采购了我们公司一台设备,由于没有调试好,使用效果令其很不满意,100天的期限到了,客户提出了退货要求。

得知情况后,我们通知客户将退货期延长,要是还用不好就可以退货。200多天后,设备效果仍不理想,我们立即按承诺退货,且退货当天就把货款退回。毫不犹豫,不怕吃亏,退掉的是人民币,收回的是人心,是诚信的口碑。后来这家客户附近有两家工厂听说了我们的"吃亏行为"之后,陆续与我们签订了合作协议。

中国有句古话:"吃亏是福,吃亏人常在,吃亏是明去暗回来。"所以,做人与做企业别怕吃亏,要学会舍得。

### 承担之诚实

诚实,即忠诚老实,就是忠于事物的本来面貌,不隐瞒自己的真实思想,不掩饰自己的真实情感,不说谎,不作假,不为不可告人目的而欺瞒他人,要既忠诚又实在地存在。

花言巧语且不诚实的人只能侥幸赢取一时,而诚实之人方能赢得一世。我认识一位这样的人,说话几乎很少冷场,当初大家一致认为他能力强、口才好、会沟通,曾受到不少人的羡慕。时间久了,大家发现他说的都与事实不符,有些甚至是无中生有,于是开始慢慢疏远他。他因此丧失了很多与大家真正沟通和交流的机会,也闯入了一个虚假的"世界",根本无法展现自己的正常水平。所以,不诚实是他事业发展的最大瓶颈,如今几十年过去了,他的生活依旧没有多大改变。

### 承担之诚信

社会上广为流传的一句话就是"诚信第一"。诚信是做人之本,是日常行为的诚实和正式交流的信用的合称,是人的第二张"身份证",更是社会主义核心价值观在个人层面的一个基本准则。诚信通常主要指两个方面:一是指为人处世真诚、实事求是、不说谎、不虚伪、言行一致、表里如一；二是指信守承诺。

在中国几千年的文明史上，人们不但为诚实守信的美德高唱赞歌，而且身体力行。像"言必信，行必果""一言既出，驷马难追"这些流传了千百年的古话，都形象地表达了中华民族的诚信品质。

1989年冬天的一天，我要去还1万元的贷款，因为这1万元贷款第二天就要到期了。记得那天雪下得特别大，路非常难走，但是我还是决定无论如何当天要把贷款还上，这个想法也得到了父亲的支持。当时，路上的雪积了厚厚的一层，足有十几厘米。那个年代汽车还是个稀罕物，十分少见，我就骑着自行车在零下十几度的天气里碾着积雪出发了。从开封市到开封县杏花营足足有二十几公里的路程，整整用了一个下午的时间。当我满头大汗地出现在亲戚贾行长面前时，他很惊讶，说："这天气你怎么来了？"我说："贷款明天到期了，我今天必须来还上。"其实当时给我提供贷款的是一个并不很正规的农行营业所，行长还是我的一个亲戚，过几天再还也不会有事儿。不过，正是因为我的这种做法让贾行长了解了我的为人。第二年，当他得知我还需要贷款时，竟专程开车30多公里接上我，带我去办理了贷款。大家知道吗？20世纪80年代，国内最好的交通工具之一就是北京吉普车，一个县城里也没几辆，能坐上这车的人就更少了，贾行长就是开着这种车去接的我，让我很体面地拿到了贷款。此事让我感动至今。

### 承担之守时、守约

守时、守约是诚信的开始。请问您守时了吗？您在学生时期上课守时了吗？您上班守时了吗？您参加同学聚会、社会活动或会议都能够按时到达吗？您与客户签订的合同能按约定支付货款吗？您能每天下班按时回家或者有变化能提前通知家人吗？……大千世界，守时、守约无处不在，我们要处处严格要求自己，处处做到守时、守约。做到守时、守约是诚信的开始。

### 案例 6

有一次公司的一位同事搭我的顺风车回郑州。正巧家人打来电话问他晚上什么时候能到家吃饭？他随口说："半个小时到家。"等他挂完电话，我就质问他从现在开始到家还得多长时间？他说："进市区还得 30 分钟，加上市里下班容易堵车，进市后到家还得 30 分钟，共需 1 个小时吧。"于是我就批评他，明明到家需要 1 个小时的车程，可你为何给家人说 30 分钟？假设家人 30 分钟以内把饭菜都备好了，岂不是要再多等你 30 分钟？

公司的这位同事就是平时没有养成守时、守约的好习惯，觉得是家里人就随口一说。其实，守时、守约的好习惯都是我们平时在点点滴滴的行为中养成的。

世界上守时、守约做得最好的国家是德国和日本。在德国，如果你邀请一个德国人来家中做客，他会提前几分钟到，但不会敲门，他要等到约定的时间准时去敲你家的门。而在日本，不迟到这一点更是多数日本人一生养成的好习惯。日本铁路公司的电车只要晚 1 分钟，车内必定播放道歉的广播。在对时间如此严格的环境中成长的日本人，在海外生活时会对其他国家在时间上的"宽容"感到困惑，甚至有人说："德国和日本的全球工匠精神以及先进的制造业无不与他们的守时、守约有关。"

我曾经看过这样一则关于大哲学家康德守时的故事，内容大概是这样的：康德前去拜访老朋友威廉·彼斯特。途中经过一座小桥，发现桥的中间断裂了，无法通行。这时若走其他的桥，就会错过与彼斯特约定的时间。于是康德当机立断，买下附近农夫家的旧舍，用拆下的长木头快速修好小桥，准时到了朋友家中。在一般人看来，康德的行为会有点小题大做，但正因为这样的小题大做，才彰显了康德的真诚，并让其赢利了朋友和美名。

其实，不论古人、今人，还是中国人、外国人，凡是真讲修养，就必须先做到守约。守约是一种美德，我们平时要懂得珍惜时间，另外，我们不但要注意不浪费自己的时间，也要时时注意不能浪费别人的时间。为了自己的私利总是浪费别人的时间，说白了，是一种极端自私自利的表现，他们不会考虑到别人为了他们的约定，花了大量的时间和精力。他们的观点是：反正我们有约定，反正他们会等我，他们不会丢下我的，若是不管我，那是他们不守信。

近朱者赤，近墨者黑。远离充满负能量的人，免受负面情绪的感染，让我们坚守自己的信念——守时、守约是一种美德。守时、守约从现在开始，严格兑现对所有人的承诺，而对于我们做不到的最好不要承诺，避免给别人留下不好的印象。

### 承担之孝顺

孝顺父母是每个人必须履行的责任，父母把我们从小抚养到大，当我们成人时，父母却渐渐老去，我们应该有赡养他们的责任。孝顺是一种责任，也是一种承担，更是一种感恩。孟子曰："孝子之至，莫大乎尊亲。"意思是说，孝子最大的行孝方式就是要尊敬自己的父母。

子女为父母生养，父母从其出生开始，便喂养抚育，洗浆缝补，生病时不眠不休地照料，若是难治之病，情愿舍命换儿安；稍长，教给其基本生活能力，供其读书，关心其成长，永不停歇。父母对子女付出的爱，是一生一世的，可谓亲情无价、骨肉情深。而为子女者，在父母面前，永远是负着债的。子女对父母尽孝道，是一种基本的道德，是做人的基础。孝是天经地义的人类本性，其真谛是："报本思源，尊重生命，图谋发展。"父母健在时应做到"尊重关爱，顺从意愿，不亏吃住，衣洁保暖，病有所医"，让父母"活得健康""活得愉快""活得有益"。"金无足赤，人无完人"，对父母的过错应柔和、细声地进行劝谏，耐心、温和地指出，绝不能进行粗暴的训斥和指责，更不能恶意地讥讽。

孝敬父母、尊敬老人不仅是责任和承担，还是中华民族的传统美德。都说习惯决定性格、性格决定命运，孝敬父母的人已经养成了主动承担责任的良好习惯，自然而然地具备了通向成功的性格条件。孝敬父母的人，不仅会受到父母及家人的认可，而且会受到社会的高度认同，这样的人会因此使自己的精神面貌、工作状态进入一个良性的循环；孝敬父母的人，也一定会有一个幸福的晚年，原因是"行胜于言"，在如此熏陶之下，子女也同样会孝敬他们。所以，孝顺父母就是一种承担和责任。承担包括孝顺。

### 承担之感恩

感恩是最常用和最美的词汇之一，感恩属于承担吗？谁对我们有恩，我们必将报答和回报他，它是一个人人格魅力的重要体现，也是一个人能力和品德的表现形式，感恩就是一种承担。

感恩是一种回报。人这一生，小时候，领受父母养育之恩；等到上学，又受到老师教育之恩；工作后，有领导、同事的帮助之恩；年纪大了之后，免不了要接受儿女的赡养、照顾之恩。大而言之，作为一名社会成员，我们都生活在一个多层次的社会大环境中，首先要从这个大环境中获得一定的生存条件和发展机会，也就是说，社会这个大环境是有恩于我们每个人的。感恩，说明一个人对自己与他人和社会的关系有着正确的认知。报恩，则是在这种正确认知之下产生的一种责任感。如果没有社会成员的感恩和报恩，那么很难想象我们如何在这个社会中正常发展下去。

感恩的关键在于回报意识，更关键的在于懂得舍得，一个不懂舍得的人无法做到感恩。回报与舍得，就是对于哺育、培养、教导、指引、帮助、支持自己的人心存感激，并通过自己的加倍付出、实际行动予以报答。人在危难之际，会有人向你伸出温暖之手，解除生活的困顿；会有人为你指点迷津，让你明确前进的方向；甚至有人用肩膀、身躯把你托起来，让你攀上人生的高峰……你最终战胜了困难，扬帆远航，驶向光明、幸福的彼岸。那么，你能不思回报吗？回报与舍得，就是要我们学会凡事往好处去想，学会分享与共享，学会记住别人的好，忘掉别人的坏；就是当你恨谁时多想想他的好。而能做到这一切必须有"爱"来做支撑。

感恩是一种认同，这种认同应该是发自内心深处的。新中国 70 年堪称中国五千年历史上最辉煌的时代，我们坐着舒适的高铁、飞机，开着汽车，天天享受着美味；我们无论走到哪里都感觉特别的安全，我们国家大气污染治理速度也是全球最快的，这一切都是在中国共产党领导下实现的，我们应该凭良心实事求是地去感谢和感恩。我于2016年就在企业的大楼墙壁上写下"幸福不忘共产党"的标语，这是我发自内心的感恩。我所带领的团队每年都会力所能及地参与社会慈善活动，这也是我感恩政府和社会的表现。

感恩是一种生活态度，是一种品德。如果人与人之间缺乏感恩之心，必然会导致人际关系的冷淡，因此，每个人都应该学会感恩，这对于现在的孩子们来说尤其重要。现在的孩子都是家庭的中心，他们只知有自己，不知爱别人，让他们学会"感恩"，其实就是让他们懂得尊重他人。

感恩之心，就是对世间所有人、所有事物给予自己的帮助表示感激，并时时刻刻铭记于心。感恩之心是我们每个人生活中不可或缺的阳光和雨露，一刻也不能少。无论你是何等尊贵，或是怎样卑微；无论你生活在何时何地，或是你有着怎样特别的生活经历，只要你胸中常怀一颗感恩的心，随之而来的就是温暖、自信、坚定、善良等这些美好的处世品格。

### 要学会主动道歉

**生活中的所有不愉快，"对不起"3个字都能化解**。事实上，"对不起"是一种承担，也是一种力量。人与人之间的小误会或摩擦，只要有人主动道歉，先说声"对不起"，一般都会烟消云散。

小时候，卡耐基的家离公园很近，他经常到公园里遛狗。他的狗不喜欢被束缚，也不喜欢戴口罩。平时，这个公园里人很少，于是卡耐基总是放开绳索，任由他的狗自由奔跑。有一天，警察看到了，上前说："你这习惯不好啊，应该给狗拴上绳子，戴上口罩。"卡耐基争辩说："不用，狗这么小，不会伤到别人。"警察又说："伤不到人，但它会伤到树边的小松鼠。"卡耐基说："哎呀，松鼠跑那么快，我这小狗这么小，伤不到。"警察的怒火被点燃了，大声说："下次我再碰到，你就自己跟法官解释吧！"卡耐基再到公园逛的时候，就按警察说的把狗拴上且戴上口罩，可时间长了，也没有碰到警察，他放松了警惕，又不拴了。说来也巧，没过几天，又碰到了上回的警察。这次他主动向警察道歉说："警察先生，我错了。今天又没有给狗拴绳子。我应该接受惩罚。"奇怪的是，与上次不同，警察这次温和地对卡耐基说："你这小狗这么小拴什么绳子啊，没事儿。"卡耐基说："可是我这样做是违法的。"警察接着说："只要它不咬人就行。"卡耐基又说："这狗可能会伤到小松鼠。"警察满脸笑容地说："伤不到，松鼠跑那么快。带它到那边去吧，就当我没看见。"

人人都会犯错，但犯错并不可怕，可怕的是不敢认错。很多人在犯错之后拒不承认错误，甚至找一堆理由为自己开脱，这样只能让人更加反感。相反，如果能及时主动承认错误，坦诚道歉，就会轻松得到对方的原谅。在企业里，我经常给员工说的一句话是：**"凡事多往好处想，遇事先从自身找原因。"凡事多往好处想你会很轻松、很幸福，遇事先从自身找原因，生活就会变得很简单**。因为遇事从自身找原因就是敢于发现自己的不足和纠正不足、敢于道歉的行为。做企业难免会与客户发生这样或那样的误会，更应该主动承担责任。虽然担责一定程度上意味着吃亏，但吃亏是福，吃的是经济上的亏但收获的是荣誉和口碑，吃的是一点点的亏可收获的可能是大面积的福。有人认为主动承担会让自己很被动或者有可能付出更多更大的代价，可我认为承担是世间最好的一剂"良方"。企业只要敢于主动担责，路子就会越走越宽。

### 案例 7

2012 年，我们公司给德国蒂森克虏伯公司发了一批货，该批货还没到达德国时我们就已收到了全部货款。可是，同一批次发到武钢的货，通过检测发现出了质量问题，也就是说发给蒂森克虏伯的货也存有同样问题。此时，这批货正在发往德国的路上，收回是来不及了。怎么办？是主动联系阐明事实，还是坐等静观其变？万一外商检测合格了呢？考虑再三还是选择尽快通知对方。我让外贸部工作人员给蒂森克虏伯公司致函说："尊敬的××先生，非常抱歉通知您，您定的货已经发出，但由于我们化验室的原因会导致该批货物质量偏差过大，出现元素超标情况，我们深表歉意。特提前告知，并请贵公司货到后尽快进行检验，如果出现过大偏差不能使用，我公司愿意承担降级使用的损失费用，并以此为戒，保证下次不再出现类似问题。"很快对方给我们回邮件说："收到。有点误差没什么，你们这样的做法，使我们没理由不跟你们合作。这次1600美金的化验费用由你们承担就行了。"之后客户也没再说什么，我们也真的只承担了那笔化验费用。2013年，蒂森克虏伯全球40多家分公司都发信息要我们的资料，希望跟我们合作。

学会主动道歉是解决问题的法宝。沟通之"兵家大忌"就是一边承担，一边为自己寻找理由，最终让承担完全失去作用。为此，我还专门总结了一句企业文化警句告诫员工：**一边承担一边为自己找理由是最愚蠢的行径！**

## 二、承担是个人成长的阶梯

### 怕批评不敢承担，不会被重用

工作中，很多人遇事不敢承担的原因就是怕受牵连、受批评，甚至怕吃亏，太要面子。然而，怕被指责往往也会失去承担意识。其实，我们每个人的成长过程也是自己各方面能力提高的过程，遇事愿意承担和敢于承担是做人的"必修课"，只有承担一次才能虚心接受一次教训，才能成长一次。一个人只有不断承担责任才能不断提高水平，才有可能成功。也就是说承担才能成长，成长才能成熟，成熟才能成功。也就是"承担—成长—成熟—成功"！

在任何组织和单位，一个遇事不敢承担责任的人是绝对不可能得到提拔和重用的。那么，企业员工怎样才能被领导所重用？请记住以下五个步骤（见表11-1）。

**表 11-1　　　　　　　　　员工怎样才能被重用**

- 第一步，**做好本职工作**。必须把本职工作做好，不让领导操心。
- 第二步，**工作积极、主动、热情**。只有工作积极、主动和热情的人才算得上一个好员工。
- 第三步，**勤汇报**。平常对领导安排的工作要定期给领导汇报，以便让领导掌握工作的进展情况。
- 第四步，**有胸怀**。平时不要与同事计较得与失，要有包容之心，能够接纳大家的优缺点。
- 第五步，**敢承担**。平时要敢于承担责任，不怕领导批评，有足够的上进心。

上表五个步骤中，有四个步骤都是《性格与修身》之"八项注意"的内容（勤快、沟通、承担、胸怀），这也是中国传统文化的精髓所在。以上这五个步骤也说明了好员工是离不开承担的。任何一个员工的提拔和重用都差不多与这五步内容有关。

无论我们在什么行业工作、从事什么职业，首先别怕犯错，因为人不可能不犯错。我们应该这样认为，被领导批评一次就会提高一次。再说，被批评也不丢人，年轻人要大胆面对领导的批评和指正，学会主动承担，知错就改，下次注意，这样的人会越来越受领导重视，而自己的提高也会越来越快。

### 承担与工作和生活紧密相连

记得小时候，母亲常这样对我说："吃不穷穿不穷，打算不到一世穷。"就是说错误的计划和错误的判断会导致一个人一穷二白，会令自己的生活条件远不如别人。无论是企业还是普通人，对事情的正确判断是至关重要的，它是做事成功的保障。董明珠曾经说过，我在格力所做的一切判断都是正确的。因此格力空调才做到了全球第一。那么，我们做事如何才能作出正确的判断？我认为，做好以下三步（见图11-1）就会作出更多的正确判断，这也是承担最重要的一个环节。

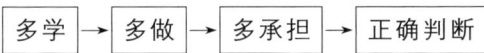

**图 11-1　作出正确判断的步骤**

首先是人要保持多学习、不固执的思想去多做事,做事多了就有了经验,也就有了辨别是非的能力;其次就是要明事理,知道对错并敢于主动承担自己的错误,敢于主动承担自己过错的人才能渐渐少犯错或不犯错,最终才有能力对自己今后的事情作出正确判断。**正确判断决定人生成败**,而作出正确判断最关键的就是要学会承担,要敢于面对、敢于接受批评,敢于认真分析自己失误的原因。上面的逻辑得出一个重要的结论就是知错后要及时认错,只有认错才能改错,改错今后才能不犯错,最终做事才有正确判断能力。

我多次阅读过稻盛和夫的《活法》,书中说,成功就是正确判断的叠加。我在工作中也总结过这样一句话:"正确判断决定人生成败。"就是说,正确的思考和判断问题对人生是很重要的。为此,我又总结了一个**成功的方程式——"成功＝正确判断×时间"**。人的一生,随着时间的成长,假如凡事都能做到判断正确,那么其最终结果也一定是正确的。如同一个军事指挥官,只有通过正确地指挥才能取得战场上的主动和胜利;一名救死扶伤的医生,只有一次次的正确判断病情,最终才能成为大家公认的名医。相反,如果一个人经常作出不正确的决定和判断,时间久了也一定会是失败的人生。

我认识一个朋友,他有一个毛病,总是不愿意承担自己的过失,习惯把责任推给别人,致使他长达几十年的奋斗历程从不曾超越过自己更别说超越别人。他曾经做过不少的行业和项目,但是做事、做决策失误频频,又不从自身找原因,总为失误寻找一堆的理由,甚至总是把失误推给别人,结果可想而知。

在经营过程中,我经历过一件这样的事:投资焦作武陟工业园区初期,由于没有周密考虑就鲁莽地听取了别人的意见,一次性出资3000万元在工厂盖了6层高的办公大楼,结果建成4年时间了,大楼仍有两层未启用。这个不合理、不细致的计划令我每年多支付近百万元的银行融资利息。后期，我每年办理银行贷款的时候就在内心检讨一次，我还不止一次在公司中高层会议上主动承认自己的决策失误，并告诫大家要知错、认错、改错。我相信在以后的建设投资方面绝不会再犯类似的错误，这就是我的承担和成长。

## 三、一个没有承担的人是无法让财富停留的

承担是我们必须具备的技能，是做人的根本，更是成功的法宝。一个不讲理、不敢于承担责任的人不可能富有，又何谈富过三代。我总结**承担主要包括讲道理、有责任、敢吃亏、担当、诚信、守约、守时、孝顺、诚实、感恩**等，这些词汇也都是生活和工作中最常用的一些词汇，也是人人都喜欢的习惯和特点。不论从事什么行业，当我们知道承担对一个人的发展乃至企业的发展有多么关键时，当知道了承担的真正含义时，相信我们就会为之改变，财富也会随之而来。

尽管做人、做企业有很多东西是需要学习和警惕，且需要长期坚持，但通过对承担的了解，我们会发现承担是做人和做企业最重要的一件大事。人常说诚信是做人第一位的事情，而"八项注意"让我们清楚地了解到诚信就是承担。承担当之无愧为做人第一把"交椅"。

# 章节十二 性格与修身之"人生不败之地"

## 一、性格与修身之"修身密码"

正是有了《性格与修身》,才使我们公司发展到几百人的规模,才有了管理和销售团队平均年龄31.6岁的年轻化态势。《性格与修身》让我们公司从1个项目发展到了6个项目,而且有5款产品在国内细分行业销量名列前茅,还让我的事业转型成功,从原来的只做原材料供应到现在的装备制造业生产。近几年,我先后当选为焦作市人大代表、武陟县工商联主席,被评为开封市首届"杰出乡贤"、武陟县"优秀企业家"等,这些荣誉与成绩的取得离不开《性格与修身》理论和理念的支撑。

《性格与修身》一书是我从商经验的总结,我从小到大也是这么做的。它让我逐步懂得了性格如何决定命运,还让我管住了自己的脾气,更让我知道了沟通是多么重要的事情,让我明白了怎样与人相处,怎么促进家庭和睦,怎么教养子女。我曾说过:"如果非要我总结创业几十年来所做可圈可点的几件事,我想说,第一,就是我成立了一个有一定规模的公司,为几百人创造了一个就业、做事的平台;第二,就是我把我和我爱人家8个兄弟姐妹及家庭从农村迁到了城市,让他们都有房有车;第三,就是我总结的《性格与修身》一书。"《性格与修身》对社会的贡献,将远远超过我做的另外两件事的影响和意义,说实话如果没有它我所做的第一、第二件事也很难完成。我会永记使我受益至今的《性格与修身》,永记做人不能触碰的"三大纪律"(或"三条高压线",即傲气、固执、冲动),永记修身的"八项注意"(即承担、胸怀、沟通、勤快、和气、谦虚、称呼和赞美)。

今天,《性格与修身》一书以数字的形式把做人修身带进了一个量化的时代，从第四章节起，我就提到过赞美占一个人人格魅力的2%，承担占一个人能力的32%……到底这些数据是怎么测算出来的呢？

其实，在总结《性格与修身》的过程中，我时常在想，中国文字和词汇的发明已有几千年的历史，我们的老祖宗为什么要发明文字和词汇？是因为社会和生活的需要，亦因为某种事物或某种情况对生活有一定的影响力，需要用文字或词汇表达、记录下来，从而达到传播的效果。

现在比较流行"重要的事情说三遍"，古人或我们的祖先是不是把重要的事情、重要的表达、重要的词汇也作出了特别多的文字描述呢？在这种思路的指导下，我通过问卷调查的方法，科学得出了人们喜欢并乐意接受，而且经常使用的关于性格习惯的同义词、近义词，然后从广义的角度进行总结、归纳，把其归类至《性格与修身》之"八项注意"之下，哪一项所涵盖的词汇越多，哪一项自然就相对重要。

## "八项注意"性格词汇调查及结果

2016年年初，我设立了"人们最喜欢性格"专项调查工作小组，专门负责有关性格词汇的调查工作。工作小组设计了调查问卷，进行了长达2年6个月的调查研究，得出了较为令人满意的结果。相关调研的做法及内容，见表12-1。

**表 12-1　　　　　　　　"人们最喜欢性格"调查摘要**

- 调查方法：问卷调查。以3个月为1个周期，1个周期1次，每次发放问卷50份。
- 调查次数：10次。
- 调查时长：2年6个月。
- 调查对象年龄阶段：10～70岁。
- 调查人数/人群：共计500人，其中白领124人、蓝领98人、其他278人。
- 所得词汇数量：144个。
- 所得词汇共计出现频次：1969次。

两年半来，共计调查了500人，发放问卷500份，收回问卷500

份，最终统计出真诚、有涵养、通情达理、和气等有关性格习惯的词汇共计 144 个（见表 12-2），这 144 个词汇出现的频次为 1969 次。

**表 12-2　"八项注意"——10 次调查后"人们最喜欢性格"汇总**

| |
|---|
| 真诚、有涵养、通情达理、和气、以身作则、随和、认真细心、思维活跃、安静、不弄虚作假、谦和、聪明伶俐、善于表达、不固执、执行力强、实在、温柔可人、做事严谨、体贴、正义、诚实、贤惠、传递正能量、有魅力、执着、守信、好脾气、心胸宽广、懂事、完美、善良、友爱、有礼貌、阳光、有能力、言行一致、说到做到、大大咧咧、聆听、自信、有上进心、有事业心、豪爽、高情商、有毅力、有责任心、爱运动、会换位思考、有人缘、守约、有担当、有爱心、独立、机灵、细心、平易近人、心思细腻、直率、浪漫、热爱工作、无私、做事认真、负责、乖巧、有原则、幽默、坦诚、诚信、古灵精怪、顾家、乐观、正直、快乐、吃苦耐劳、活泼、与人和善、为他人着想、大度、能干、包容、开朗、有公德心、谦虚、坚持不懈、活跃、乐于助人、脚踏实地、低调、爱干净、会说话、善解人意、爱笑、风趣、干练、无私心、宽容、外向、爱打招呼、早起、作风优良、大方、健谈、敢作敢当、老实、成熟、说话得体、不推诿责任、思维发散、积极向上、沉稳、爱学习、脾气温和、有胸怀、为国做贡献、有魄力、积极努力、言出必行、表里如一、坚定、有计划、遵守承诺、大气、勤劳、正能量、成就别人、内敛不张扬、热心、直爽、讲道理、心灵美、仗义、文静、朴素、感恩、挺身而出、孝顺、热情、有内涵、有主见、会打理、勤快、内心坚强、朴实、忠诚 |

对照"八项注意"之承担、胸怀、沟通、勤快、和气、谦虚、称呼、赞美，通过总结、归纳，将其分类至每一项下，然后根据"演算公式"分别计算出每一项所占的比率。例如，"说话得体"应归至赞美，调查中该词共出现了 38 次，则赞美占总频次"1969"的比率约为 1.93%（38÷1969×100%≈1.93%）。以此类推，分别得到的数据为称呼约占总频次的 2.18%、谦虚约占总频次的 4.67%、和气约占总频次的 9.29%、勤快约占总频次的 10.72%、沟通约占总频次的 14.22%、胸怀约占总频次的 24.83%、承担约占总频次的 32.15%，这样就形成了下表 12-3。

表 12-3　　有关性格习惯词汇的分配及占比情况

| | 调查统计/频次、词汇 | | | | | | 比率 |
|---|---|---|---|---|---|---|---|
| 承担 | 111 有责任心<br>22 敢作敢当<br>14 热情<br>8 有原则<br>7 内心坚强<br>5 热心<br>4 言行一致<br>3 执行力强<br>2 作风优良 | 49 孝顺<br>17 感恩<br>13 正能量<br>8 脚踏实地<br>7 负责<br>5 有事业心<br>4 坦诚<br>3 遵守承诺<br>2 执着 | 48 说到做到<br>15 守约<br>12 做事认真<br>8 老实<br>7 有主见<br>5 诚信<br>4 表里如一<br>2 不推诿责任<br>1 不弄虚作假 | 46 正直<br>15 真诚<br>9 热爱工作<br>8 自信<br>6 独立<br>5 以身作则<br>4 有毅力<br>2 挺身而出<br>1 积极向上 | 31 守信<br>15 言出必行<br>9 讲道理<br>7 正义<br>6 做事严谨<br>5 顾家<br>4 忠诚<br>2 实在 | 24 诚实<br>14 有担当<br>9 乐于助人<br>7 仗义<br>6 细心<br>4 有能力<br>3 坚定<br>2 为国做贡献 | 32.15%<br>≈32% |
| 胸怀 | 69 开朗<br>27 成熟<br>15 大气<br>6 宽容<br>4 有魄力 | 47 乐观<br>26 包容<br>12 友爱<br>5 无私<br>4 活跃 | 36 沉稳<br>23 有胸怀<br>10 心灵美<br>9 认真细心<br>3 有公德心 | 35 大方<br>18 有涵养<br>9 好脾气<br>5 大大咧咧<br>3 完美 | 32 有爱心<br>18 豪爽<br>8 为他人着想<br>5 大度<br>2 快乐 | 31 善良<br>16 心胸宽广<br>8 无私心<br>4 成就别人<br>2 有计划 | 24.83%<br>≈25% |
| 沟通 | 37 阳光<br>15 高情商<br>7 聆听<br>5 机灵<br>2 善于表达 | 31 聪明伶俐<br>13 体贴<br>6 通情达理<br>5 活泼<br>2 乖巧 | 29 爱笑<br>9 有魅力<br>6 传递正能量<br>4 直率<br>2 古灵精怪 | 22 健谈<br>8 外向<br>6 风趣<br>3 有人缘 | 20 会说话<br>8 不固执<br>6 懂事<br>3 浪漫 | 16 幽默<br>7 会换位思考<br>6 直爽<br>2 善解人意 | 14.22%<br>≈14% |
| 勤快 | 32 勤快<br>15 吃苦耐劳<br>5 思维发散 | 32 勤劳<br>15 积极努力<br>2 爱干净 | 28 有上进心<br>7 坚持不懈<br>3 爱运动 | 21 能干<br>6 早起<br>1 会打理 | 17 干练<br>6 思维活跃 | 16 爱学习<br>5 心思细腻 | 10.72%<br>≈11% |
| 和气 | 62 温柔可人<br>8 贤惠 | 42 随和<br>7 与人和善 | 25 和气<br>3 脾气温和 | 17 文静 | 10 安静 | 9 平易近人 | 9.29%<br>≈9% |

续表

| 调查统计/频次、词汇 | | | | | 比率 |
|---|---|---|---|---|---|
| 谦虚 | 42 谦虚<br>4 朴实 | 20 低调 | 8 有内涵 | 7 内敛不张扬 | 6 朴素 | 5 谦和 | 4.67%<br>≈5% |
| 称呼 | 34 有礼貌 | 9 爱打招呼 | | | | | 2.18%<br>≈2% |
| 赞美 | 38 说话得体 | | | | | | 1.93%<br>≈2% |

在10次调查中，由于词汇出现频次每次都会略有差异，因此采取求平均数的办法使所得结果相对精确、科学。以"承担"为例，10次调查得到的比率分别为32.14%、30.16%、33.89%、33.07%……31.55%，按照求平均值的方法进行计算，结果为32.15%，即"（32.14%＋30.16%＋33.89%＋33.07%……＋31.55%）÷10≈32.15%"。根据四舍五入原则，得到数据32%，即为最终结果。以此类推，得出"八项注意"每一项的最终结果：承担32%、胸怀25%、沟通14%、勤快11%、和气9%、谦虚5%、称呼2%、赞美2%，具体见表12-4。

表12-4    10次调查数据平均值

| 八项注意 | 承担 | 胸怀 | 沟通 | 勤快 | 和气 | 谦虚 | 称呼 | 赞美 |
|---|---|---|---|---|---|---|---|---|
| 第一次 | 32.14% | 25.00% | 14.29% | 10.71% | 9.53% | 4.76% | 2.38% | 1.19% |
| 第二次 | 30.16% | 23.83% | 15.08% | 11.93% | 8.81% | 5.52% | 2.01% | 2.66% |
| 第三次 | 33.89% | 25.41% | 12.25% | 9.98% | 9.01% | 5.23% | 2.15% | 2.08% |
| 第四次 | 33.07% | 24.43% | 13.82% | 11.21% | 8.72% | 4.96% | 2.13% | 1.66% |
| …… | …… | …… | …… | …… | …… | …… | …… | …… |
| 第十次 | 31.55% | 25.06% | 14.48% | 10.39% | 9.72% | 4.61% | 2.15% | 2.04% |
| 平均值 | 32.15% | 24.83% | 14.22% | 10.72% | 9.29% | 4.67% | 2.18% | 1.93% |
| 结论 | 32% | 25% | 14% | 11% | 9% | 5% | 2% | 2% |

为方便大家的记忆，将所得数据按由重到轻原则进行排列：32、25、14、11、9、5、2、2，这组数据即为"修身密码"（见图12-1）。以此断定，做人修身"承担"和"胸怀"最受大家喜欢，也最为重要！调查研究的结论验证了"诚信第一"（诚信属于承担）的说法，也验证了"一个人的胸怀有多大，舞台就有多大；一个人有多大的格局，就有多

成功"的说法……

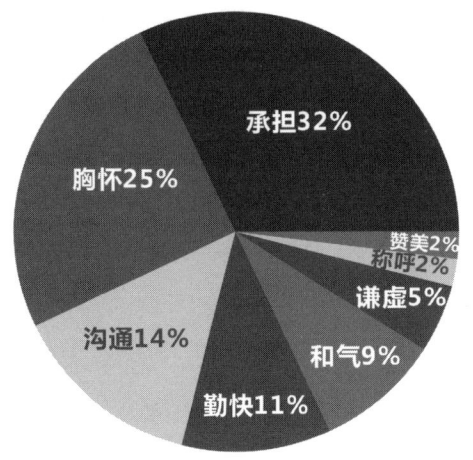

承担：责任，讲道理，诚信，敢吃亏，孝顺，守时，守约，诚实，感恩。
胸怀：是包容，舍得，吃亏，忍让；有财布施，无财七施。
沟通：互通有无，交流情感。
勤快：手勤，口勤，腿勤，眼勤，耳勤，脑勤，心勤。
和气：面和，心和，言和。
谦虚：小，低，空。
称呼：最精准的沟通之一。
赞美：最珍贵的奖励之一。

图 12-1　修身密码

### 大道至简

大家都懂得"做事需先做人"的至理名言，但过去的我对做人却有一种非常模糊的认识，总觉得缺乏方法和经验，而今天《性格与修身》之"三大纪律八项注意"为我指明了方向，特别是"修身密码"给了我做人、做事最简单的一种方法和工具。

对于《性格与修身》之"修身密码"，因为是问卷调查，仅仅涵盖500人，根本谈不上准确性之"高与低"。但这个密码一直在指导和影响着我的企业经营以及做人做事原则。所以我认为其调研的方向是正确的，方法是可行的。"修身密码"的结果和顺序都与我生活中的实践是相一致的，且与传统文化存在着传承关系，在一定程度上也是相通的，是一种相互印证的关系。所以，"修身密码"是值得信赖的。

在总结"修身密码"的日子里，我将做人修身与做企业有机地结合在一起。当我知道了承担占做人修身的32%，是做人做事之首位时，我开始更加重视承担。2015年，我将新成立的智能装备项目旗下的几款旗舰产品对客户作出了"自调试之日起100天内无条件退货或换货"的承诺。此举正是我受到"修身密码"的启发，真正明白了承担才是做人做事的第一要务，因此要求自己生产的产品必须对客户负责、对品质和效果负责。结果我们得到的是该项目在 3 年内连续 100% 递增的创收业绩，而且仅燃烧器单品在投产的第二年销量就名列国内前茅，第三年销量便稳居国内第一。

我对《性格与修身》"八项注意"最为满意之处就是得到了"修身密码"。如果我们每个人都能按照此规律做事、做人，一定能成为大家都喜欢的人，步上成功之路。

同时，《性格与修身》也更加规范了人生中的性格"追求"——"**三条高压"你没有，"八项注意"你具备，人生基本不会累**。据不完全统计，中国的民营企业平均寿命只有 2.8 岁，其中有很多民营企业倒闭的真正原因不乏是因为冲动决策导致的。盲目投资、盲目借贷导致资金链断裂，股东之间缺乏沟通，产生不和睦……也许今天还是身价十几亿或者几十亿的老板，明天就很有可能负债累累……总之，性格现今已成为企业健康发展过程中不容忽视的重要因素之一。

我们公司的发展融入了我的心血，在全体员工的共同努力下，在一没有任何社会背景、二没有原材料优势、三没有市场优势的情况下，从租用仓库到现今拥有 200 余亩的工业场地；从初始时单一的产品供应，到如今拥有上百种产品、服务于 6 个行业；从传统的原材料供应行业成功挺进高科技装备制造行业；从一无所有到今天健康、持续的发展模式……公司能有如此的成就，是企业实力使然还是能力所致？或是机遇、运气？抑或是贵人相助？在我看来，所有这一切都离不开《性格与修身》的影响，离不开做人谦虚低调，离不开和气的性格，更离不开勤快的双手和包容的胸襟。为了事业，我必须管住自己的脾气，因为冲动是魔鬼，**冲动会将自己一生的事业大事化小、小事化了**；为了事业，我必须学会并保持与人沟通的习惯，积极地相信沟通所蕴含的因果关系，同时要保证心平气和地与人沟通；为了事业，二十多年我没跟员工红过脸、发过脾气，企业中高管很少有人跳槽，我率先收获了团队的凝聚力。

## 二、以史为鉴，可知兴替

历史是不容忽视的，历史上所有的经验教训都可以为我们所用。正所谓"以铜为鉴可正衣冠，以人为鉴可知得失，以史为鉴可知兴替"。

### 曾国藩编写的《爱民歌》

在组织湘军的过程中，曾国藩目睹了清军军纪的败坏，为了改变这一痼疾，约束湘军，于咸丰八年在江西建昌亲自编写了一首《爱民歌》："三军个个仔细听，行军先要爱百姓。贼匪害了百姓们，全靠官兵来救人。百姓被贼吃了苦，全靠官兵来做主。第一扎营不要懒，莫走人家取门板。莫拆民房搬砖石，莫踹禾苗坏田产。莫打民间鸭和鸡，莫借民间锅和碗。……第二行路要端详，夜夜总要支帐房。莫进城市占铺店，莫向乡间借村庄。人有小事莫喧哗，人不躲路莫挤他。无钱莫扯道边菜，无钱莫吃便宜茶。更有一句紧要书，切莫掳人当长夫。……第三号令要严明，兵勇不许乱出营。走出营来就学坏，总是百姓来受害。或走大家讹钱文，或走小家调妇人。……爱民之军处处喜，扰民之军处处嫌。我的军士跟我早，多年在外名声好。如今百姓更穷困，愿我军士听教训。军士与民如一家，千记不可欺负他。日日熟唱爱民歌，天和地和又人和。"

当年的《爱民歌》成为治理湘军官兵的纪律准绳，起到了教育、约束的作用，使湘军快速成为一支遵守军纪、爱护百姓、受人拥护的军队。曾国藩因此赢得了民心，平息了太平天国之乱，取得了战役的胜利。《三大纪律八项注意》大家都知道，它曾是革命队伍人人都会唱的歌曲，也成了人民军队的样板模式，据说它的创作灵感就是来源于曾国藩的《爱民歌》。

### 袁世凯亲笔书写《劝兵歌》

1895年夏，中日甲午战争结束后不久，袁世凯奉光绪皇帝的命令，离开京城前往天津郊外的小站接任了定武军统领，为清王朝训练出了一支极具战斗力的强兵劲旅。其间袁世凯曾亲笔书写《劝兵歌》："谕尔兵，仔细听：为子当尽孝，为臣当尽忠。朝廷出利借国债，不惜重饷来养兵。一兵吃穿百十两，六品官俸一般同。如再不为国出力，天地鬼神必不容。自古将相多行伍，休把当兵自看轻。一要用心学操练，学了本事好立功；军装是尔护身物，时常擦洗要干净。二要打仗真奋勇，命该不死自然生；如果退缩千军令，一刀两断落劣名。三要好心待百姓，粮饷全靠他们耕；只要兵民成一家，百姓相助功自成。四莫奸淫人妇女，哪个不是父母生？尔家也有妻与女，受人羞辱怎能行？五莫见财生歹念，强盗终久有报应；纵得多少金银宝，拿住杀了一场空。六要敬重朝廷官，越分违令罪不轻；要紧不要说谎话，老实做事必然成。七戒赌博吃大烟，官长查出当重刑；安分守己把钱剩，养家活口多光荣。你若常记此等语，必然就把头目升；如若全然不经意，轻打重杀不容情。"

袁世凯的千秋功过自有后人评说，但其所做的《劝兵歌》起到了感染士兵、激励士气的作用，同时《劝兵歌》的句子中也包含了相应的作战要诀，使士兵边唱边学习，熟悉近代作战规范，令北洋军整体战斗力得到了快速提升。

### 培养优良性格，打造完美人生

从《爱民歌》到《劝兵歌》《三大纪律八项注意》，它们的实用性都已在历史中得到有效验证。有人说今天的社会从来就没有"新鲜事"，都是历史的重演，我在一定程度上也是赞同这句话的。而《性格与修身》就是当今社会做人的"三大八项"，只要我们多总结、多学习前人的成功经验，用性格"三大纪律"（见表12-5）与修身"八项注意"来严格要求自己，运用《性格与修身》来提高我们的亲和力与情商，就一定能够通向成功的彼岸。

**表 12-5　　　　　人人都不能触碰的"三条高压线"**

- 第一，傲气——伤人。
- 第二，固执——烦人。
- 第三，冲动——毁人。

"傲气、固执、冲动"是人生性格的"三条高压线"，在正常情况下，拥有性格"三条高压线"对自身发展是很不利的。人到中年，事业和仕途不理想、不如意的真正原因就在于此。其实，"三条高压线"我们每个人都有，只是轻重不同，关键技巧在于是否能让身边的人舒服。因为，你让别人舒服了，他就会认可你，你的傲气就会转化为自信，固执就会转化为执着，冲动就会转化为勇敢或有胆识。

修身"八项注意"之承担、胸怀、沟通、勤快、和气、谦虚、称呼、赞美，镌刻了我的"人生履历"。我会用"八项注意"的好习惯不断要求和完善自己，事实证明这对我人生和事业的帮助是巨大的，特别是在 2013 年总结出《性格与修身》之"修身密码"之后，我认真按照"修身密码"的排列顺序严格地学习和践行，在工作实践中受益匪浅。

我将"修身密码"带入企业的管理与运营之中，使公司步入了以文化软实力带动企业发展的快车轨道。在《性格与修身》文化的熏陶下，员工不仅增强了向心力，同时各个项目也在高速运转的轨道上不断向前发展。"修身密码"让我学会了善待身边所有的人，学会了与他人建立良好的关系，还让我真正理解并时刻践行着"不以恶小而为之，不以善小而不为"的行为准则。我时时处处都以此为标准严格地要求自己和员工，因为我相信《性格与修身》一定会给我们带来事业上的帮助，相信"八项注意"让我今后做人做事不会走弯路，更相信"修身密码"会为我们的做人修身带来"点穴"式的破解。

《三字经》曰："养不教，父之过。教不严，师之惰。"生活中，人们的一些行为和习惯都与其性格相关。我常常告诫身边的朋友，我们下一代子女的文凭和专业不是最重要的，第一重要的应是把自己的性格打磨好，一个人只有具备良好的性格和习惯才能收获最终的成功。2013年，儿子郭昌通在美国留学，看完《性格与修身》后写下了如此评价：

"学说话,看卡耐基《人性的弱点》;学做事,看李宗吾《厚黑学》;学做人,看郭荣勋《性格与修身》。"这几句话虽是一个还未涉世的学生所言,但我能感觉到《性格与修身》对儿子的影响之大。自从有了《性格与修身》之后,我对儿子的教育更加轻松了,他也凭借《性格与修身》找到了正确的人生观、价值观,进步更快了。所以,我也相信《性格与修身》能培养孩子们的良好性格和正直品质,早日让其实现自身梦想,让其立于不败之地。

## 三、用好性格"工具",看懂身边人

细节决定习惯,习惯决定性格。我们要学会细心观察身边的人,利用《性格与修身》总结的规律去准确识别身边人,将人才放在最适合的位置,从而让自己占据知己知彼的有利地位。

其实每个企业老板都会为这样几件事犯难:第一,培养什么样的员工;第二,选择与什么样的股东合作;第三,企业辛辛苦苦培养的员工,为什么不到两年就会出问题、闹意见甚至不欢而散……当读完《性格与修身》,相信一定可以找出答案。

之前我多次提到,在一定条件下性格"三条高压线"之傲气可转化为自信,固执可转化为执着,冲动可转化为勇敢。那么,如何将它们区分开来?其实非常简单,如果你做事失败了,那么就是傲气、固执、冲动;如果你的成功可以感染更多的人,那么大家就会将你的傲气、固执、冲动看作自信、坚持、执着、勇敢、有胆识。

生活中还有一种情况,即使你脾气不好,说话傲气、固执,也不算性格"高压线",那就是你的沟通占据了主导作用,在这种情况下你既让大家感到舒服也不会影响自己的亲和力。所以,善于运用沟通、搞好与周边人的关系、让大家感到舒服非常重要,不过,能做到这一点并非易事。生活中一个性格傲气的人一般都会冲动,因为这类人的性格习惯就是不擅长沟通,不轻易服气他人,不习惯称呼和赞美、认可和欣赏别人。另外,性格冲动的人通常要求他人的标准过高,所以当别人达不到他的要求时，就很容易情绪波动而乱发脾气，这时，我们要清醒地认识到工作中任何事情都处在不断变化中，都需要我们不断地、详细地去沟通和配合，如此才能达到做事成功的目的。

由此关于你该挑选什么样的人做自己的朋友；在企业里你该提拔一个什么性格的员工做储备管理者；什么样的人适合带团队，什么样的人不适合带团队，现有的人带团队应该多注意些什么；合作应该选一个什么样性格的股东；以后应该如何跟不同性格的朋友或同事、同学相处等问题，你都可以轻松找到答案。"知己知彼，百战不殆"的定律，并没有随着时代的演变与发展而失去毫厘光芒，现在的我们更应该对"身边人"多了解，如此才能更有利于彼此之间的合作、和谐与团结。尤其是遇到性格冲动的陌生人时，我们要学会微笑面对，以轻松避开他的冲动和坏脾气，减少不必要的误会或矛盾发生。

### "八项注意"了解修身与做人

不少听过《性格与修身》的人都说："我们经常都会说，学做人，做好人，究竟怎么做人？今天郭总带给我们的是一套通俗易懂又接地气的修身做人方法。"这套方法就是修身"八项注意"及"修身密码"。"八项注意"之承担、胸怀、沟通、勤快、和气、谦虚、称呼、赞美是人人都喜欢和尊崇的做人好习惯和好方法。对"八项注意"的每一项，我通过调查、对比、归纳、总结，得出最为简明扼要的占比结果，证明其在修身做人中所占的重要位置及程度，从而得出"修身密码"（即32、25、14、11、9、5、2、2）。"修身密码"也证明了"承担"和"胸怀"分别占做人修身以及一个人人格魅力的32％和25％……也有中国易经协会的领导和读过此书的老板说："《性格与修身》就是一本落地版的《易经》。"对于这种说法我也勉强接受，因为，中国的传统文化《易经》《道德经》等总结的都是为人处世的规律，而《性格与修身》也是我几十年来细心总结的做人谋事的规律，二者在一定程度上是有相同之处的。

令我较为满意的是"八项注意"是非常接地气，任何人一看就懂、一用就会的做人修身工具。近几年来，我按照"八项注意"来严格要求自身，收获很明显。我也曾经用"八项注意"对不同层次的人群进行分析，客观地得出以下结论，可供大家参考。

一种人，失去了承担就等于失去了诚信，同时失去了做人最珍贵和最常用的法则。如说话不讲道理、不敢吃亏、做事没有责任心、不懂得做事守时和守约，更不懂得感恩，等等，如此这般也就失去了做人32%的人格魅力和能力。失去承担的人，几乎同时失去"八项注意"的其他七项优点和长处，其做人的能力和魅力几乎降至最低，也就等于把人人最不喜欢的习惯完全展露在大众面前。经营企业中，有些人爱一行干一行，结果行行不精，行行不顺利，这就体现了他缺乏干一行爱一行的承担精神，缺乏对做事情的责任与专一意识。所以，一般失去了承担精神的人，其一生大概率一事无成，生活的道路必将越走越窄。

一种人，没有胸怀，做不到吃亏、舍得、包容和忍让，没有"有财布施"的格局，更没有"无财七施"的习惯和意识。一个人缺乏胸怀就失去了做人能力和魅力的25%。一个没有胸怀的人处事谨小慎微，放不开手脚，事事与人计较且做事存私心，更多的是以己为中心，其思维方式是典型的直线式思维（很少考虑别人），有这类性格习惯的人终究难成大事。

一种人，既没承担意识，做事又没一点胸怀，这就失去了做人57%的魅力，也就成为一个43分不及格的人，这就等于给自己定下了永久通向失败的人生"战略"。这种人一生什么都想做但什么也做不成，就像植物失去了土壤、树木失去根基一样，这样的人常常会给自己找一个绝对"通行"的借口——运气不好，来为自己找台阶下。说实话，一个没有承担意识又缺乏一定胸怀和格局的人，是绝不可能有好运气的。

一种人，不爱说话，甚至说话难听，还爱发脾气，这就叫不会沟通。一个不会沟通的人至少还同时缺失了赞美和称呼的技能。不会沟通意味着失去了修身"八项注意"中的三项，其中沟通（14%）、赞（2%）、称呼（2%）共占修身能力的18%，也就是说一个不擅长沟通的人将失去修身能力的18分，其身边必然少有帮助和支持他的贵人。试想一下，这类人在工作中又怎能出成绩、怎能完美呢？不会沟通的人，首先不能成为一个称职的领导，这类人与别人之间的情感沟通是"中断"的，更做不到信息的互通有无。所以，一个人的沟通能力是做人的第三大核心能力，不能充分利用沟通的优势会让自己的做事能力大打折扣；失去这种能力不仅很难取得世俗意义上的成功，而且会让自己的人生之路走得既艰难又辛苦。

一种人，事事做不到勤快，我们称之为懒惰。勤快在修身"八项注意"中占11%，也就是说勤快占一个人能力或人格魅力的11%，排列在"八项注意"的第四位。一勤天下无难事，现实社会中勤快与能力和命运息息相关。

在我的众多朋友中，有这么一位，他的阅历、学历、能力特别是人品均不差，就是事业和工作成绩上不去，拿起修身"八项注意"对照一下，这位朋友的问题出在什么地方呢？原来竟是懒惰"惹的祸"。凡事都要人催着做，甚至到了不催不做的程度，许多事也是到了不做不行的地步才去着手，不爱动脑、不爱动手的习惯已经养成，这样的人自然是不可能收获完美人生的。所以，一个懒惰的人，做不到七勤（手勤、眼勤、耳勤、腿勤、口勤、脑勤、心勤），他们缺失了修身"八项注意"中的重要一项，注定是一个失败的人生。

一种人，懂得与人和气相处。和气在修身"八项注意"中排在第五位，占据做人能力和人格魅力的9%。中华民族是一个拥有灿烂文化的民族。这种文化总结为一个字就是"和"。我们要学会和悟到做人做事所反映的和气之道、为人良善之道。只有真正悟到和懂得和气的人，才能被众人所接纳。从另一方面说，世间万物都是存在因果关系的，"种瓜得瓜，种豆得豆"，你和气对待别人，别人也同样会和气对待你。做人和气无形中会对自己的事业帮助很大，和气待人会避免很多误会、减少很多摩擦、杜绝相互之间的矛盾发生，从而有利于工作的开展。和气待人还会使人身心健康、心情愉快，朋友和贵人增多，对顺利达到目标起到积极的促进作用。

有两句话对我很受用：一是"凡事要往好处想，如果我们养成这种习惯，生活就会很开心、很轻松、很幸福"，二是"遇事先从自身找原因，我们养成这种习惯就会减少很多的误会和矛盾，生活就会变得很简单"。这两句话是我多年来的为人处世之道，令我十分受益。

一种人，谦虚。谦虚是傲气的反义词，排在修身"八项注意"第六位，占据做人能力和人格魅力的5%。平时说话谦虚、委婉，不但受人喜欢和尊敬，也一定能够得到众人的热情帮助。谦虚一词可谓家喻户晓、人尽皆知，一个小学生都能理解和运用。大概也正是因为它简单、好理解所以容易被人所忽视，但是在做人修身中，谦虚是极其重要且不可替代的。我们每个人身边都不乏性格傲气导致一事无成的案例，这就是性格决定命运。有句话说得好，"得道者多助，失道者寡助"，愿每位为人谦和的朋友都能得道多助，事业有成。

一种人，很重视称呼，但也有不重视称呼之人。我在武陟县民政局慈善协会捐助10名家庭贫困学生至大学毕业，每年假期里都会有被资助的学生给我打电话汇报学习成绩，大都是电话里称呼我郭叔叔或郭伯伯，然后汇报学习情况。然而有一位学生可能是年纪小的缘故，接通电话后他就说："喂，你是资助人吗？我是你资助的学生。"令我不知怎么作答。如果用一句称呼"喂，郭叔叔吗？我是你资助的学生"，我就会有完全不一样的感觉，这里差的就是一句称呼。生活中，都说婆媳之间容易出现误会和矛盾，如果做儿媳的对辛苦的婆婆哪怕是刻意地多叫一声妈，我想婆媳误会和矛盾就不易滋生。当你需要陌生人的帮助时，你给陌生人多一句称呼（如大哥、大姐、叔叔、阿姨等），就会很容易得到陌生人的帮助。虽然称呼只在修身"八项注意"中占2%的权重，但却是日常工作中十分常用的。并且几乎每时每刻都能用到。

通过对500人的随机抽样调查发现，在我们的生活中最不可或缺的重要一项就是称呼，虽然它只占一个人能力和人格魅力的2%，但也必须排列在修身"八项注意"的行列之中。

一种人，懂得赞美别人、欣赏别人，更懂得鼓励和表扬别人。赞美和称呼都属于沟通，同样是因为赞美在生活中的重要性才被单独列为修身"八项注意"中的一项。赞美占一个人人格魅力的2%，但千万别小看这2％的修身占比。

我一个不错的同学也是某公司的老板，他对我说："荣勋，您帮我分析一下我的问题出在哪儿了？我以前对员工说话态度不是很好我知道，通过学习你的《性格与修身》我已经改变很多了，有时甚至是刻意地改变说话态度，但员工们总是认为我没啥改变，致使我和员工的关系仍然像隔着一层纱似的，我该怎么再调整啊？"同学的话音还没落地，我就直接说："老同学，你平常对员工说话缺乏赞美和赏识。假如一个人一整天都没有得到老板的一句认可和表扬的话，那么他能高兴起来吗……"话还没说完，我的这位同学就连连点头说："荣勋，您说的对啊！我是很少赞美员工。"果然，他的问题与症结正是出于此，就是缺少了赞美、认可、赏识、表扬和鼓励等。

一个不善于赞美别人的人也预示着自己骨子里或多或少带有傲气，久而久之是一定会影响事业的发展，影响一个人的亲和力。假如你是一个管理者，就更会影响你的团队打造和建设等，最终让自己失去一个生活中最有力的"工具"。

下面再从修身"八项注意"的角度来分析一下不会赞美别人的人所存在的典型问题，或者说不会赞美是如何影响其发展的。

首先，不会赞美同时也影响着占据做人能力18％的沟通；其次，不会赞美别人的人还会有不同程度的性格傲气，有傲气的人也都会有冲动，同时还多少有些性格固执。赞美别人是一种发自内心的语言"布施"，是无财七施中的"言施"，可以说不懂得赞美也将不同程度地影响自己做人能力占据25％的胸怀。一个不会赞美别人的人所犯下的错误将会导致其优势流失，没有赞美首先等于自己拥有了"傲气、冲动和固执"这三条性格"高压线"，也就不同程度地失去了做人25％的胸怀以及14％的沟通和2％的赞美。从另一方面可以说是丢掉了做人能力的41％（25％＋14％＋2％），此时不用多说大家也都会明白这小小的赞美有多重要了。如果失去了赞美，就等于失去了人格魅力的"半壁江山"。

## 成功做事的三个"王炸"你不能没有

人生会面临种种问题和难题,这些问题和难题就如同战场上一座座阻碍我们前进的碉堡、暗堡,只有"王炸"在手才能顺利过关……

一炸是和气:无论什么事只要不伤和气就有谈判机会,就有谈成的可能。"和"也是中华五千年的文化精髓。无论是《孙子兵法》的"道、天、地、将、法",还是孟子的"天时、地利、人和",都说明了做事"和"是第一位的。一和天下无难事、和为贵、家和万事兴、和合致远等很多关于"和"的名言警句也昭示了"和"的重要性。

二炸是承担:承担的习惯没有人不喜欢。承担几乎能掩盖一个人的所有缺点。一个人只有遇事先承担,不怕吃亏,错了就发自内心的承认,错了就真诚的道歉,只有这样才能被别人所接纳,被接纳后才会有各种沟通机会存在。

三炸是沟通:当你把握好前面的两个"王炸"后,沟通的作用就突显出来,沟通几乎能解决所有悬而未决的问题。沟通有口诀、有技巧、有方法,一次沟通不行就两次,两次不行就三次、四次……相信用沟通来解决问题一定不会让你失望。同时我也相信带着"王炸"来沟通定能稳操胜券。可笑的是很多人不懂"王炸"之奥妙,很多事根本没进入沟通环节便止步于沟通的门外。不是能力不行而是说话做事没有掌握规律、方法乃至工具。

这就是性格"三条高压线"、修身"八项注意"和"修身密码"的魅力所在。让我们回到开头所提到的问题,企业究竟需要培养什么样的员工?教育企业员工先学做人再去做事,究竟怎么做人?《性格与修身》给了大家一个最简单、最接地气的方法和技巧。我相信它会给很多人带来帮助,特别是刚刚走出校门初涉职场的年轻人。

在此,我给大家一个小小的"声明",《性格与修身》所研究的结果多指一般和普遍性存在的问题,大家知道任何问题都存在特殊性和偶然性,但对于特殊性,我的研究暂无涉及。

## 四、人生如茫茫征途，唯智者掌不败之舵

人的一生需要跟不同的人相处，事事难以预料，不同的工作方法会得到不同的结果，人人都会遇到各种各样不尽如人意的事情，究竟用什么方法来减少这些所谓的"不尽如人意之事"？

在前面的章节中，我说过，人生不如意之事多缘于"三条高压线"，我们每个人"三条高压线"的轻重程度也有所不同。那么如何让自己的性格"高压线"变得越来越轻，并在最大限度内不影响我们的工作和生活？我通过多年的总结得出这样的结论：做好"八项注意"能够圆转自身的"傲气、固执、冲动"（见表12-6）。

**表12-6　　如何用好"八项注意"圆转自身"傲气、固执、冲动"**

- 一个傲气的人，首先不懂得谦虚，其次不擅长沟通和赞美别人。那么，这类人如果平时能多运用一些谦虚，遇事多做一些沟通，学会多去赞美身边的人……久而久之，就会将傲气转化为自信。
- 一个性格固执、爱钻牛角尖的人，平时如果能多学习"八项注意"之承担（责任，讲道理，诚信，敢吃亏，孝顺，守时，守约，诚实，感恩），再多一些实事求是的坚持，这样就会减少性格上的固执。
- 一个爱冲动的人，在做人上如能多几分和气和沟通，再多一些胸怀（包容，舍得，吃亏，忍让；有财布施，无财七施），就不会有发脾气的机会。学会承担中的说话讲道理，有话好好说；学会摆事实，再运用和气的处世态度，如此就不至于那么冲动了，同时我们也会换一种较为理智的方法去面对或解决各种各样的问题。
- ……

人生如茫茫征途，唯智者掌不败之舵。都说成功皆有方法，那些事业上成功的人士，最为经典的过程就是先取得做人的成功而后收获事业上的成功。如上表12-6所列，如果我们能够活学活用"八项注意"之承担、胸怀、沟通、勤快、和气、谦虚、称呼、赞美，就能成为一名"智者"。让我受益无穷的"不败之舵"就是"八项注意"（见图12-2），

就是以承担、胸怀、沟通等为主的处世法宝，它的的确确让我收获了快乐的人生……

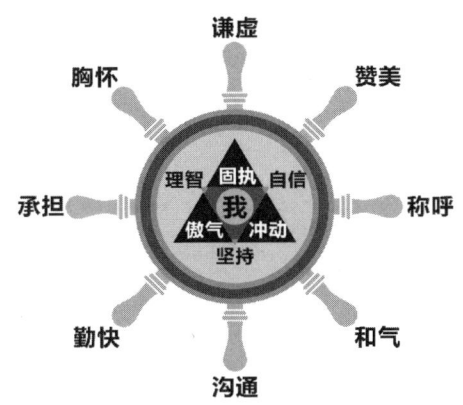

傲气、固执、冲动是内生于每个人的缺点。掌握圆转的能力则能化解风险。
用承担、胸怀、沟通、勤快、和气、谦虚、称呼、赞美将固执转向坚持，冲动转向理智，傲气转向自信。
具备这些能力，我们可以与缺点共生，将生命带向圆转无碍的方向。

图 12-2　"八项注意"不败之舵

古人曾以"修身、齐家、治国、平天下"等参道治国。今天我以"管住自己的脾气才能管好自己""管好自己的人才能够齐家""能把家管好的人才能管好企业"等至理做人修身，相信能管住自己脾气的人也能真正具备做任何大事的本事。

最后，有两句话要送给朋友们，一句送给年轻人：我们凭着年轻自信想三十而立、想事业成功是不够的，我们还需要好好打磨自己的性格；一句送给中年人：你想富甲一方，富过三代，凭着自己的阅历和经历是远远不够的，你更需要认真打磨自己的性格。《性格与修身》就是一部最接地气的修身"工具书"。

# 附　　录

## 汇金集团 30 年企业文化汇编

汇金集团企业文化包括"五大核心""十大激励""三大纪律""八项注意""21 条军规",以及 100 余条管理文化等,这些共同组成了集团的核心竞争力。

### 五大核心文化

**核心价值观**:承担,胸怀,沟通,平等。
**企业愿景**:创百年汇金,造中国好装备。
**企业使命**:为客户提供满意,为企业创造财富,为家庭创造幸福,为社会分担责任。
**经营理念**:真为客户带来价值,真重视产品质量,真为客户着想。
**发展目标**:2025 年,双亿目标,年纳税过亿,年赢利过亿。

### 十大激励

十大激励覆盖公司所有岗位,让每名员工都能享受一项或多项激励制度,从而提高员工工作积极性。

1. **银股**:公司最核心人员,低价购买公司股份,每年分红。
2. **协议银股**:最关键岗位、作用最大人员,议价购买公司股份。
3. **身股**:关键岗位人员,分红节约部分或增值部分,无须出资。
4. **特别身股**:同上,定期兑现,一般三年期。
5. **工龄分红**:基层员工按工龄规定入股分红。
6. **销售工龄奖**:销售人员入职满三年,发放固定奖励。

7. **福利补贴**：内部员工增加收入的福利待遇。
8. **业务提成**：销售、采购、技术等所有业务均有提成。
9. **配额年终奖**：年底发给忠诚度高的员工。
10. **精准扶持**：特殊成员帮扶。

## 三大纪律

**克制性格"三条高压线"**：傲气、固执、冲动！

## 八项注意

**提倡**：承担、胸怀、沟通、勤快、和气、谦虚、称呼、赞美。

## 21条军规

21条军规诞生于2018年11月23日，"军规"中每一条理念均由核心关键词提炼而成，内容翔实，文字通俗易懂，利于员工方便、快捷地掌握和使用。

1. **做事理念**：正确判断＋人追事（知行合一）。
2. **人才理念**：品德＋能力＋稳定发挥。
3. **沟通理念**：适度赞美＋平等低调＋心平气和。
4. **做人理念**：承担＋胸怀＋沟通＋平等。
5. **发展理念**：战略＋人才＋制度。
6. **管理理念**：无私＋制度＋沟通。
7. **领导理念**：发现问题＋解决问题＋服务员工。
8. **产品理念**：质量＋创新＋安全＋服务。
9. **销售理念**：会沟通＋会来事＋会做人。
10. **处事理念**：凡事多往好处想＋遇事先从自身找原因。
11. **决策理念**：多了解情况＋多争取意见＋正确判断。
12. **文化理念**：学习＋总结＋固化＋传播。
13. **质量理念**：稳定＋细节＋品质。
14. **服务理念**：沟通＋及时＋满意。

15. **创新理念**：人才＋制度＋持续＋全员。
16. **团队理念**：学优＋合作＋包容＋奉献。
17. **采购理念**：比价＋比质＋比规范。
18. **生产理念**：保质＋保供＋保安全。
19. **监察理念**：监督＋坚守＋担当＋改进。
20. **出差理念**：目的明确＋准备充分＋无果不归。
21. **制度理念**：合理＋持续执行＋奖罚分明＋监督。

**2010 年：**

### "催"和"追"

学会催领导，别被领导催；学会人追事，不要事追人。

### 员工使命

辛苦我一个，幸福一家人。

### 正确理解困惑

困惑有解不必烦恼，困惑无解烦恼无用。

**2011 年：**

### 成功并不难

比别人多做一点点，事就这么成了。
把好习惯叠加起来，你就成功了。

### 管理者如何成就自己

管理就是成就别人，顺便成就自己，人好才能带好人。

### 管理者五力模型

1. **追随力**：积极主动的意愿。

2. **执行力**：把思想变为行动的能力。
3. **影响力**：把自己的思想装入别人大脑的能力。
4. **领导力**：改变别人态度的能力。
5. **平衡力**：平衡自己心态的能力。

## 销售"24字口诀"

正确判断，早日出行；不达目的，改日再行；坚持数月，一定成功。

**2012 年：**

## 组织衰败从何而起

任何组织如果没有新人进入就等于衰败的开始！

## 何为领导

领导就是不断发现问题，不断解决问题。

## 不学新知识的后果

没有时间学习新知识就有足够的时间犯老错误。

## 汇金"四多"与"四少"

干活多，挨吵多，提升多，收入多。
干活少，挨吵少，提升少，收入少。

**2013 年：**

## 傻人、精人、富人、穷人如何做

傻人别孬，精人别刁，富人学厚，穷人学好！

## 人才"50、25、0"招聘法则

50：高出市场50%的薪资招人。

25：只选出 25％ 最优秀的人才。

0：招聘来的人员，不管有没有经验，都要从零开始培养。

## "38" 修身工具

**克制**：傲气、固执、冲动。

**提倡**：承担、胸怀、沟通、勤快、和气、谦虚、称呼、赞美。

有些字认识就行，有些字不但要认识还要会用，还要天天用，天天悟！

## 沟通与因果

沟通是世界上最简单的因果关系。

## 承担

是责任、无私、讲道理、敢吃亏、孝顺、守时、守约、诚实、感恩……

## 傲气与运气的关系

**傲气的人**：多脾气，少服气，缺人气，就没运气。

## 称呼的重要性

学会称呼，出门不堵；称呼到位，办事不累。

**2014 年：**

## 汇金总格言

说话讲道理，做事凭良心，做人坦荡荡。此生美也！

## 不固执的工具

小事一半听人言，大事任人拿主见，要事多听成功言！

## 人生成败的决定因素

正确判断决定人生成败!

## 冲动对事业的影响

冲动会将你一生事业"大事化小,小事化了"!

## 胸怀

是包容、舍得、吃亏、忍让;是有财布施,无财七施。

## 沟通口诀

适度赞美,平等低调,心平气和。

## 承担与财富

一个没有承担的人是无法让财富停留的!

## 谦虚口诀

小、低、空!

## 人生仅有两条路

人生仅有两条路,一条越走越宽,一条越走越窄。

## 化解不愉快的方法

世间所有不愉快之事,此三个字都能化解——对不起!

## 交友之道

你可以没有朋友,但不能有敌人!没有敌人处处是朋友!

### 和气

面和、心和、言和,缺一不可。

### 微笑

微笑是世界上最厉害的武器。

### 人生"金字塔"

成功人士的格局与境界如果分别用一个字、两个字、三个字、四个字、五个字来形容应该是:爱、胸怀、真舍得、吃亏是福、万物皆为公。人生只要悟透这五重境界的任何一重就够了,这就是人生"金字塔"(见图13-1)。

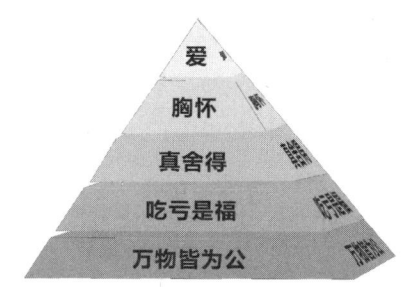

图13-1 人生"金字塔"

### 性格"三条高压"

傲气!固执!冲动!

人生不如意之事,多缘于"三条高压线"!

### 沟通的重要性

沟通是金,沟通是银,沟通是人的魂。

## 勤快

做到七勤，一只脚已迈入成功大门。

七勤：嘴勤、眼勤、耳勤、手勤、腿勤、脑勤、心勤。

## 硬沟通工具"2213"

"22"分别代表上午和下午必须约有2个小时能与客户沟通。

"1"代表晚上必须约有1个小时能与客户沟通。

"3"代表一天必须约有3个小时同家人、朋友、同事、领导沟通。

## 如何作出正确判断

多学，多做，多承担！养成这个习惯就会作出正确判断。

## 做个好员工的"五步骤"

第一，做好本职工作。

第二，遇事积极热情主动。

第三，勤汇报。

第四，有胸怀。

第五，多承担。

## 制度与经济的关系

经济社会任何制度不与经济挂钩都是无效的！

## 冲动必后悔

人生当中所做最后悔的一件事情，大多都与冲动有关！

## 处事之道

凡事多往好处想，会变得很轻松！

遇事先从自身找原因，生活会变得很简单！

### 不傲气的工具

总结别人仨优点,见面经常去夸赞。
总结自己仨缺点,每天都要想一遍。
关键人员常沟通,每天至少三分钟。
只要坚持仨星期,保你傲气变谦虚。
如果到期还不行,那就再来一疗程。

**2015 年:**

### 领导如何对待"上级、平级和下级"

上级勤汇报,平级多融合,下级多沟通!

### 傲气十足的表现

一个傲气十足的人,一生只认识三个字——不服气!

### 修身密码

"修身密码"(32、25、14、11、9、5、2、2)是指"八项注意"每一项在修身中所占的比例。即承担32%、胸怀25%、沟通14%、勤快11%、和气9%、谦虚5%、称呼2%、赞美2%。

### 老板和高管的"三大三小一重要"

**三件大事**:战略、人才、制度。
**三件小事**:把员工当亲人,重视员工利益,用正确思想引导员工。
**一重要**:老板最重要的是不犯颠覆性错误;高管最重要的是无私心!

**2016 年:**

### 人生好比一场"马拉松赛"

一个人只要坚持沟通、承担、胸怀等好习惯,当"马拉松"跑过中点时，你会发现很多人都在你身后，而且你会觉得直至终点大家都无法超越你！成功竟如此简单！

谨以此送给"马拉松赛"刚刚起跑的 80 后、90 后们和已跑过中点的 60 后、70 后们！

## 影响能力稳定发挥的"四大因素"

1．"过山车"般的情绪。
2．糟糕的习惯。
3．管不住的脾气。
4．肆无忌惮的性格。

## 何为企业第一诚信

做企业的第一诚信就是——把产品质量做好！

## 感恩

感恩就是抓住别人的"心"！

**2017 年：**

## 学会"认输"

做人要学会认输，学会变通，这个世界从来没有常胜将军。

### 公司发展寄语：2017 汇金"三快"

改变要快！做事要快！提高要快！

## 职场私心的危害

员工有私心，无法提拔。
高管有私心，无法重用。
老板有私心，无法发展。

## 人才

想别人想不到的！做别人做不成的！

## 如何才能做到称心如意

跟对人，做对事，一心一意，方能称心如意。

## 人生与承担

人这一辈子，就是一个承担责任的过程，谁愿意承担责任谁就有责任承担！否则你什么都不会有！

## 何为企业管理

企业管理就是把员工利益与企业利益挂钩！

## 习惯与前程的关系

只要上半辈子养成好习惯，下半辈子一定拥有好前程。

## 成功就是考虑别人

母亲之所以伟大就是因为她无时无刻不在考虑自己的子女！

## 做企业带团队的顺序

先求和气，再求成绩，后求发展！

## 汇金成功方程式

成功＝正确判断×时间。

## 私心要不得

无私心的人说话直来直去，思维理性，正确判断多，工作效率高。
有私心的人说话爱绕弯子，思维感性，错误判断多，工作弯路多。

## 赞美

赞美是最珍贵的奖励!

## 称呼

称呼是最精准的沟通!

**2018 年:**

### 与"三季人"勿论对错

有些人,有些事儿,没有对错,只有成败。

### 人生有"三好",必有好人生

一有好身体,二有好家庭,三有好老板。

### 无财七施

眼施、颜施、身施、言施、心施、座施、房施。"无财七施"是做人的一种境界与修行,谁做到了谁就成功了。

### 怀才不遇在人品

好的人品把仅有的知识用在了正能量方面,用在了社会最需要的地方,用在了恰到好处的时机,故知识虽薄用之不完也能厚大家,否则,怀才而不遇。

**2019 年:**

### 发展寄语:2019 汇金"三好"

领导带好头,发展用好人,年底分好钱。

### 聚德方能聚财

办正事,说正话,有正念!

办实事，说实话，有善念！

厚德载物。

## 工匠精神

一件事或一个产品不断钻研、打磨、完善直至完美仍然坚持……这个过程就是工匠精神。

## 如何正确看待"面子"

轻面子，重结果，永有面子。

重面子，轻结果，永没面子。

死要面子活受罪，岂不受罪？

## 学会说"不"

面对客户要敢于说"不"，但一定要让对方听着舒服！否则，就不要轻易说"不"！

## 做事为何要快

"快"是N个人在战斗，"慢"是N分之一个人在作战！

## 商务沟通牢记"铁三条"

不说错话，不说假话，按顺序和逻辑说话。

**2020年：**

### 年度寄语：2020汇金"四更"

发展会更好，收入会更多，制度会更严，要求会更高。

### 管理三层关系

**部门与部门之间**：抢着做、优先做、全力以赴做。

**领导与员工之间**：平等、不挤兑、当众不批评。
**员工与领导之间**：尊重、分忧、持续执行力。

### 减少固执的方法

在领导面前，不坚持，坚决服从！

在有结果的人面前，不坚持，立即执行！

在比自己经验丰富的人面前，不坚持，迅速行动！

### 汇金"三不等"

思想跟不上的，不等！能力跟不上的，不等！文化跟不上的，不等！

### 汇金集团高质量发展战略布局——四个坚持

坚持中国共产党的领导。

坚持践习《性格与修身》文化体系。

坚持早日实现企业发展目标。

坚持创新发展、合作共赢理念。

### 工厂领导管理要求

无私心，平等待人；多沟通；服务全厂；勤俭持企。

### 销售要义

销售，企业之大事，死生之地，存亡之道，不可不察也！

### 悟道——沟通

铁道、道路、管道、地道、航道，都有道，此道是为解决两地交通距离之效率。

生活之道，一定是解决你、我、他之间问题与矛盾所采用的有效工具，这个工具非沟通莫属。

故沟通是道，道即沟通！

赞美欣赏、认可鼓励、微笑掌声都是道，所以能让人即刻心潮澎湃、信心倍增；指责抱怨、横眉竖目、冷漠无情也是道，所以能让人瞬间痛苦沮丧、自信全无。

知之，其是善沟通、懂沟通之师者！

惑之，则不懂沟通之奥妙！

## 汇金"三学"

学知识、学修身、学性格，能力重要，人品更重要。

## 汇金"三教"（25、25、50）

家教 25%，校教 25%，社教 50%。家教、校教重在社教。

**2021年：**

## 生活中"道"的定义

最好用的工具，最厉害的武器。

## 汇金董事长格言

不负他人！

## 何以掩盖缺点

承担可以掩盖一切缺点！

## 如何积德

说大家想听，做大家所想，就是承担，也叫积德。

承担＝积德。

不承担＝？

## 做人三重境界

**修身**：每天去掉一个坏习惯，增加一个好习惯，就是在修身。
**修养**：当一个人身上坏习惯少了，好习惯多了，就是有修养。
**修道**：当一个人长期、稳定保持有修养的境界，就是在修道。

## 承担要真诚

一边承担，一边为自己找理由，是最愚蠢的行径。

## 无私乃百智之宗

一旦私心越过公平的底线就很容易失去理性和原则。而失去理性和原则的任何判断必然失误众多，哪来智慧可言？

## 德才不配必遭祸殃

当一个人才气和运气要来时，旁人对他的要求标准会随之升高，他必须更加谦虚、勤沟通、多承担，让别人感觉舒服才对；否则，德才不配，必遭祸殃。

## 如何做到"会来事"

感恩是关键！不懂感恩的人永远做不到"会来事"。

## 总结、总结，再总结

善于总结规律的人是最接近神的人！

## 改变自己最快的方法

戒掉私心，回归公平。

## 最让人讨厌的人

是不讲道理的人！

## 下属的哪三种错误不能放水

明知故犯，违背制度。
同样的错误犯第二次。
不动脑子的低级错误。

## 管理者的三忌讳

忌：有私心。
忌：太仁慈。
忌：无原则。

## 带好下属的"三让"

让下属快乐。
让下属提高能力。
让下属付出有回报。

## "自黑"的艺术

所谓成功者为人处世应适当露拙或示弱，甚至"自黑"，这样会让人从你身上找到相同点，拉近彼此距离。

## 工作何为圆满

工作努力至无能为力，无论结果如何，就是圆满的。

## 契约精神

有合同的按合同去办，没合同的按口头承诺的办，没合同没口头承诺的按"常理"去办。

## 说九做十

任何承诺学会说九做十，会被人贴上"靠谱"的标签。

## 幸福都是奋斗出来的

欣逢荣勋兄新书定稿，嘱我写篇读后感，故有幸提前借来书稿一阅，竟致不忍罢读。《性格与修身》一书内容翔实、文笔流畅，于平实中刻录精巧心思。我也就此谈一谈自己读后的感言，并叙荣勋兄其人，权作班门弄斧罢。

郭荣勋先生出生于20世纪60年代，1997年自主研发了磷生铁，2013年，兄长将油漆涂料原材料细分行业做到了国内第一。我有幸和他在北京大学光华管理学院读EMBA时就读一个班级，并且在同一个小组学习，他的成长轨迹与中国的改革开放同频共振。

正如荣勋兄自述的那样，《性格与修身》源自切身的生活感受与浸入肌理的工作经验，虽未有让人拍案的华辞高章，却又实在于平实中流淌着对于生命与性情的崇高而真挚的体悟。全书共十二章，条分缕析地为读者梳理了性格与人生交织的发展脉络，以"三条高压线"与"八项注意"为纲，并古今人事之目，为广大读者呈上一道丰厚的性格飨宴。

二十多年艰苦创业，二十多年不懈奋斗，荣勋兄在努力促进经济发展的同时，不忘初心，时刻铭记自己的社会责任，"为客户提供满意服务，为企业创造财富，为员工家庭谋取幸福，为社会分担责任"成了他追随于身的座右铭，这样的胸怀也点滴镌刻在他的过往事迹中，并于书中可见。

无论是在创业的起步期，还是在爬坡过坎的成长期，荣勋兄对家乡水土的养育始终心怀感恩。作为开封祥符区农村走出的企业家，他从不放过任何报答故乡的机会。近年，汇金集团吸纳了来自荣勋兄老家的一批有志青年就业，不少人如今已成为集团的业务骨干。悠悠桑梓情，浓浓重教心。荣勋兄二十年如一日慷慨解囊，捐资助教，也让他成为人们交口称赞的乡贤典范。不断地反哺故乡，也让荣勋兄在奉献中收获了人格的升华，这样的高尚情操，也是《性格与修身》一书中不断呼唤的，荣勋兄为我们梳理出人生性格的发展轨迹，颇值得钻研。

人有好坏之分，事有大小之别。对于荣勋兄来说，他行人处世的真谛就是"先做人后做事"。无论对父母、对亲戚、对朋友、对客户,还是对企业的员工,他都心存大爱,心怀感激。书中所表,也有很大一部分集结自他的过往言论、劝勉告诫,皆是肺腑之言。

《性格与修身》成书于荣勋兄事业取得丰硕成果之时,知天命之年,回望来路,兄长能以过来人的身份平心静气地述说风云激荡,笑看成败得失,并飨读者,着实有大企业家的气魄。

《性格与修身》一书,一则谈性格,善恶是非,古今皆为参照;二则谈修身,情进智益,来往都有借鉴;三则此书也是作者自身发展轨迹与祖国发展脉络的真实映照,点滴之间流淌的是涓涓不断的家国心性与热烈、真挚的赤子胸怀。

至于什么样的人,应该读这本书?在我看来,一者,关心自身进步,在工作、生活中不断寻求提升的人,我建议读一读,《性格与修身》事列详陈,砥砺胸怀;二者,心系家国命运,希冀知古鉴今的人,我也建议读一读,《性格与修身》历览前贤,堪为用世;三者,怀有纯粹读书目的的人,我同样建议读一读,《性格与修身》犹如春风化雨,浸润人心。

当今中国正处在大发展、大变革的黄金时期,国家未来与个人发展息息相关。荣勋兄将己身奋斗熔铸进国家前行的大道,以大历史的眼光审慎观察,提出了观照自我、观照未来的先验之谈,让我们看到一个有血有肉的大企业家的胸怀,值得我们学习和敬佩。

潮平两岸阔,风正一帆悬。站立历史前进的潮头,我们也应该持续追求提升,不断修正自我,为建设人类命运共同体不断作出新的、更大的贡献。

以上感想,与诸君共勉。

民进中央教育委员会副主任
北京圣陶教育发展与创新研究院执行院长
2018 年 9 月 1 日

# 推 荐 信

我认识郭荣勋先生是在 2014 年,那时他的汇金集团企业规模还不大且产品单一,但当我 2018 年再去他的公司参观时,我惊讶地发现汇金无论是在企业规模、产品品类方面,还是在企业文化等方面都发生了质的变化。

在我询问、思考这家小企业怎么能在一个较短的时间内做到如此大改变的原因时,郭总给了我他集多年亲身经历写成的《性格与修身》书稿。在看完这本誊清稿后我找到了答案:一个企业想要做大做强除了要具备好的产品、好的管理、好的团队和好的发展战略以外,还应具备好的企业文化,而且这又是容易被忽略的一项成功要素。

《性格与修身》在职场上既是培养管理层及员工怎样做人、做事,从而塑造企业文化的一本很好的辅助教材;对社会它又能帮助一些有需要的人完善性格,使之在事业、爱情、家庭上获益。

《性格与修身》是一本能帮助你成长、成熟、开窍、理性,简单易懂的好书。

广东万家乐股份有限公司前任董事长

2018 年 7 月 19 日

## 学《性格与修身》有感之一

初次接触父亲的《性格与修身》，是在上大学的时候，其中性格的"三条高压"与修身的"八项注意"一下子唤起了我脑海中的一句古话："修身、齐家、治国、平天下"。这句话概括了人生的四个修行阶段，它们是一个逐步递进的过程，其中"修身"是前提，是做人、做事的根本。无论你从事什么职业或是身处何种地位，都要以"修身"为基础。而父亲的"三大八项"恰恰是在指导我们正确把握修身之道，并且它对我个人世界观、人生观、价值观的树立起到了积极地引导作用。

我从15岁上高中开始，便离开家乡独自去北京上学，后来又在美国读本科。在接触《性格与修身》之前，我认为的为人处世方式就是简单的正义，我也自认为做人和做事只要坚持正义的原则一定没有错。但随着年龄的增长，遇到的事情也越来越多，面对棘手的问题时我也会迷茫，不知道该怎么办，有时甚至有种话也不会说，事也不会做的困惑，但又不知道如何改变自己。虽然我也知道"吾日三省吾身"的道理，但却不清楚究竟该如何去"省"。直到与父亲的多次跨洋视频过后，我渐渐有了醒悟，原来做人是这么回事。自此，我感觉好像手里瞬间有了两把神兵利器——左手盾，右手剑，攻防兼得。

如何理解这两把利器？盾是冷兵器时代最佳的防御兵器，在了解《性格与修身》之前，我因为无法准确地了解与区分身边的人，有时也会受伤，甚至即使被伤害后也不能明白是怎么回事，也总结不出个所以然来。更无法判断到底哪些朋友可交往，哪些朋友可深交，哪些朋友不可交。在与父亲视频交流《性格与修身》的过程中，我渐渐地明白"三大八项"的核心内容就是一个度量准则。通过这十一项标准来观察身边的人，我可以有效区分谁是朋友，应该与谁为伍。所以我把《性格与修身》比喻成盾，因为它可以有效防止自己受到外界的伤害。而剑一般都是作为攻击武器，可以直接与对方交手。当然，这里我所说的意思不是真的要去攻击别人，而是指自己该如何去处理与周围人的关系。以前因为不了解"三大八项"，很多时候为人处世我都会由着自己的性子来，因此在无意间伤害了身边许多的人，给别人造成了不舒服。渐渐地一些人就不愿与我过多来往，朋友也就越来越少了。在大学期间，我已经明显感觉到越来越不会与身边的人相处。好在我在了解了"三大八项"后，进行了及时地改正，并慢慢地把身边的朋友关系处理得越来越好。甚至回国后，见到以前的高中同学，再次接触后，他们都说我变化很大，起码比以前爱说话，也更会说话了。所以我又把《性格与修身》比喻成剑，因为它可以指挥我妥善面对、有效处理与外界的关系。

我对于《性格与修身》的理解，换成更加通俗易懂的词汇就是"放大镜""处世公式"。放大镜不仅可以帮助我们寻找自身的不足，也可发现其他人的问题所在；处世公式就是一个有效解决人际关系的工具，套用这个公式，我们可以准确、高效地得到问题的答案，不用再在各种"解题"过程中试错了。

现在我已经参加工作，十分幸运地说，父亲《性格与修身》一书的出现，在合适的时间，用合适的方式，告诉了我该如何打磨自己的性格。结合自己的成长经历，我认为《性格与修身》这本书特别适合年轻人阅读，尤其是生活在大学这个"小社会"中的朋友们。因为大学是他们工作前的最后一个学习环境，在这个阶段既无利益往来，也没有那么多干扰因素，但他们也已经成年且思想开始独立，这时是非常有助于建立正确三观的，而在这个阶段我本人也是此书最大的受益者。

俗话说：思想决定语言，语言决定行为，行为决定习惯，习惯决定性格，性格决定命运。在性格决定命运之前，修身一直都在。所以我也相信《性格与修身》不只适用于我，对于任何想要改变的人，都会起到一定的帮助作用。

郭昌通（郭荣勋之子）<br>
2022 年 1 月 13 日

## 学《性格与修身》有感之二

我是汇金集团总裁孔攀红,协助董事长郭荣勋先生已工作12年。2013年,董事长开始讲授《性格与修身》,授课30余场,场场都得到了聆听者的好评,而我也是听课到场最多的,几乎场场出席,但每次聆听后都会给我带来不一样的感悟与领会。

印象中的董事长是一个很内敛且对做人要求很严格的人,在汇金稳步发展的二十余年中,他不断总结做人的道理、做事的根本,他曾说:"做人是没有止境的,现在的年轻人都想一步登天,都想自己开公司,但如果没有把性格打磨好,是很难达到真正的家庭和睦与事业成功。"的确,正如董事长所说,现在社会、科技的进步带给人们无数便利的同时,也让大家"披上"了"浮躁"的外衣,缺乏脚踏实地,也没有了探索与总结。这也就是为什么很多人发出了"人到三十,前路却仍很迷茫""守业为什么比创业还难"等感慨与不解。

面对这些困惑与难题,我认为《性格与修身》更有必要同大家尽快见面了。因为《性格与修身》就是郭荣勋先生几十年来对家庭、事业、人生、性格习惯的领悟与升华,是一杆能教会大家做人、修身的最有效标尺。它可以让我们用这杆标尺来衡量自己,从而完善自身性格的不足,可以说此书的每一句话都值得我们去深思。拿我自己来说吧,我是2006年入职汇金集团的,从一个刚毕业、没有任何社会经验的学生走到现如今汇金集团总裁这个位置并持有公司股份,是一个典型的职场学生"升职记"。而能让我有如此突飞猛进发展的原因就是我能够近距离地从《性格与修身》处取经,不断地从董事长身上学习为人处世等方面的经验;学习他如何做人、如何识人、如何修身、如何做文化、如何正确运用性格……就这样在不断的耳濡目染之下,不仅使我拥有最佳的工作状态,还能帮助我更好地处理婆媳间的矛盾,完美地平衡了家庭与工作的"天平"。而这些成功,又不断地给予我作为新时代职场女性的自信与骄傲。

一个人在成长的道路上会经历不同的职位、越过不同的关卡与荆棘，但《性格与修身》就是有如此的魅力，可以让你在历尽千帆之后归来仍是少年，仍可以保持一份最质朴、最拼搏的本心。相信伴我成长的《性格与修身》也可以为正在翻阅此书的你，带来心灵上的修行。真心希望每一位读者都能从这些最为实用、接地气的语句中悟出自己前行的方向与动力。

孔攀红<br>
汇金集团 CEO 兼总裁<br>
2018 年 8 月 8 日

# 致　　谢

当我决定要写《性格与修身》这本书时，思虑、计划时间很长，但真正写作的过程却很短，整体来说还是非常顺利的。

自2013年下半年以来，我多次与大家分享《性格与修身》，并得到了一致的认可与肯定，这给了我无穷的动力，也让我有了把《性格与修身》写出来的念想，想以此帮助企业更多的员工，帮助更多的人。但自知学历不高的我也一直犹豫是否能写好这本书，能否为读者带来价值，所以，在这五年多的时间里我对于这本书的正式书写问题，总是难以下定决心……直到2018年春节，二哥回郑州劝导我说："只要写书方向明确，字数不受限制，十多万字的程度足矣。"听罢，我私下考虑对于北京大学光华管理学院EMBA的毕业论文，我已轻松完成四万多字的撰写任务，讲课用的资料也达四万多字……就这样在和二哥沟通之后我有了正式撰写本书稿的信心，也就此定下了写书的决心。这里我真诚地感谢二哥郭荣星在关键时刻对我不经意的点拨和鼓励。

《性格与修身》的写作，我全部利用的是下班时间，多于夜间完成。为了不影响正常工作，在不出差的情况下，基本上坚持从18点一直持续到24点，有时候还会利用周六、周日几乎一整天的时间，就是为了能保证书稿尽快与读者见面。对书稿雏形的打磨是从2018年的正月初六晚上正式开始的，一直坚持到2018年的6月28日正式完稿，共费时半年之久。想要完成书稿的心情之所以如此迫切，主要是因为《性格与修身》这本书源自我二十余年来的从商经历，同时结合了自身的性格与修身感悟，耗尽5年之辛苦总结，而后费半年心血凝练，书中的字字句句皆来自于我的工作与实践。

在这里我还应该感谢我的妻子姜允，在写作期间，她给予了我很大的帮助、理解与支持，特别是在我和妻子共同生活的三十多年里，我从妻子身上发现并学到了很多为人处世的性格优势和良好习惯。她不仅对我的父母非常孝顺、对身边的亲人非常和善，敢于舍得，而且遇事也特别能忍耐，从不肆意宣泄自己的脾气。平时她还特别谦让于我，好多人说我之所以能够成就今天的事业都是她给我带来的福气。这种观点我是非常认可的，因为妻子的贤惠和通情达理、善解人意，时时刻刻都为我带来了好运，也深深地影响着我。回想 2013 年最早总结修身"八项注意"时，她给了我非常有价值的参考，当时我们针对"如何做一个能被别人喜欢的人"进行了激烈的探讨并一直持续到凌晨 3 点钟……也可以说，修身"八项注意"是我和妻子深夜共同探讨、总结出来的。后来在 500 人的性格词汇调查中，充分证明了我和妻子之前的探讨是有意义的，其探讨结果也是符合规律且正确的。所以，我要郑重感谢我的妻子，感谢她为我们的幸福家庭的付出，感谢她为我总结和撰写《性格与修身》所作出的工作和贡献。

此外，我还要感谢在本次图书重印过程中给予我极大帮助的朱可可女士。由于我对《性格与修身》的重印给予期望，因此在很长一段时间里也给她带来了不少麻烦和辛苦，但也正是由于她的协助，才使我顺利完成了《性格与修身》的重印工作。这里请允许我向朱可可女士的辛勤付出表示深深的感谢。

在过去的 5 年里，我与不少的企业和企业家分享《性格与修身》的专题课程，在得到大家高度认可的同时，也给了我坚定的信心和勇气。在这里我还要感谢身边这些企业家、好朋友。一次在武陟县工商联会议上分享过后，一位年轻的工商联副主席发微信同我讲道："郭主席，前天听你的一堂课，让我受益匪浅，心里的许多小瓶塞一瞬间都解开了。"也正是因为这些企业家朋友们的鼓励与赞美使我与《性格与修身》顺利走到了今天。所以，今天我要诚挚地感谢我身边的这些企业家朋友们！

最后，我要真诚地感谢公司里的同事们，感谢大家给我的陪伴和对《性格与修身》的认可和倾听，正是因为你们的倾听和践行，给了我执着与莫大的信心，正是你们对《性格与修身》的领悟和实践，使《性格与修身》得到了大量事实上的印证，为《性格与修身》奠定了坚实的基础，也给了我更多的动力来撰写此书。

我还要感谢帮助和支持我的老师、同学、朋友们，谢谢你们！

但愿《性格与修身》一书能为所有想要"改变"的人带来改变。